SAITO Miho
齋藤美穂【編】

事例による
認知科学の研究法入門
Rコマンダーの活用法と論文の書き方

感性

東京大学出版会

An Introduction to Cognitive Science Research Methodology
Based on Examples of Thesis:
Practical Guide to R Commander Usage and Thesis Writing
Miho SAITO
University of Tokyo Press, 2013
ISBN978-4-13-012108-8

はじめに

「この研究室の中の研究って，企業人の目から見ても本当に面白いですよ．もっと多くの人に知ってもらいたいですね……」と，ある日，企業に勤める方から何気なく耳にした一言が本書を作成するきっかけとなった．確かに指導教授である私自身が，ゼミ論文，卒業論文（卒業研究），修士論文ならびに博士論文に至るまで，学生たちの研究を本当に面白くて優れた研究ばかりだと常日頃から感じていたことも本書の作成に拍車がかかった．

そもそも市場には，実にさまざまなデザインが溢れている．もちろんデザインはその多くがデザイナーの感性に委ねられていることが多い．しかし感性認知科学を研究テーマとする私の研究室では，その感性をいかに認知科学的・客観的に分析し評価するかという視点から研究し，最終的には1つの「論文」としてまとめていく必要がある．

多くの大学生は，卒業までに何かしら論文を作成する．まして大学院に進む学生にとっては，その年次が進むにつれ，論文を書くことの持つ重みが増してくる．そして多くの大学院生には，学術雑誌への投稿論文が期待される．また個人レベルのみならず，グローバルな視点からも，学術雑誌における日本の科学的論文の輩出量や被引用件数は，（先進国を豪語するわりには）低く，それが大学の世界ランキングにおける我が国の位置を低下させる大きな要因となっている．もちろん言語（多くが英語）のハードルが立ちはだかっていることも確かではあるが，それ以上に，科学的論文をいかに作成するかということ自体，学部教育や大学院教育においてシステマティックに教えられる場が少ないことも，上記を阻む原因となっているように感じる．

最初のモチベーションは，研究室の興味深い研究を広く世間に紹介したいということであったが，このような考えから本書の目的は次第に研究室の研究論文を紹介しつつ，科学的な学術論文の書き方と解析の仕方を紹介することに変わっていった．ただし，他のマニュアル本とは異なり，本書の特長は次の3点に集約できる．

第 1 の特長は，当初の目的通り，本書で紹介され題材となる研究は研究室で輩出されたオリジナルな研究であることが挙げられる．研究室では，色や香りといった感性情報やデザインのみならず，表情を中心とした対人認知，また国際比較など，取り扱う研究テーマは非常に多岐にわたっていることに加え，SD 法などのような心理学的手法や視線計測などの認知科学的手法だけでなく，自律神経系・内分泌系指標を用いた生理学的手法も取り入れているため，研究室の論文はどれもユニークで，どれ 1 つをとっても本当に素晴らしいものである．よって，どの研究が本書で紹介されても不思議ではなかった．しかし頁数の制約もあるため，本書で題材として扱ったのはテーマや手法が異なる 2 つの卒業論文だけとし，それらを学術雑誌における一般的な投稿論文の形式に加工して掲載した．

　第 2 の特長は，読者が本書で対象となった論文のどちらでもよいから，それを手引きとして本書を読み進めていけば，論文（学術雑誌への投稿論文）が自然に仕上がるような言わば「論文テンプレート」のような役割を果たすように心掛けたことである．

　そして第 3 の特長となるのは，数式はできる限り使わず，感性認知科学研究で主要と考えられる解析の手法を概説するだけにとどめて，数学に対して苦手意識が高い学生にも親近感がわくように努めたのと同時に，解析のプログラムには「R コマンダー（Rcmdr）」を用いたことである．ご存知の通り R はインターネットでダウンロードできる解析のフリーソフトであるが，本書における論文中に使用された解析の手法をパソコン 1 つでどこでも処理可能であるという簡便さの魅力を知ってもらうため，この R コマンダーでの解析法を説明し，過程に関しては画面をキャプチャしてわかりやすくした．

　本書の読者層は，おそらく心理学や認知科学を学ぶ学生が多いと仮定している．ただ，これらの学生たちを指導する教員や若手研究者，そして，感性に興味を持ちながらも，その追究方法を模索する一般企業の方々にも広く活用して頂けたら嬉しく思う．

　本書は，早稲田大学でも助教として教育や研究に従事して頂いた作田由衣子先生，企業や大学での統計教育にも携わる伊藤嘉朗さん，TA（ティーチングアシスタント）としてゼミの教務補助を務める若田忠之さんの 3 名の協力なしには完成を見なかったものである．さらに東京大学出版会編集部の岸

純青さんには大変お世話になった．『色彩用語事典』などに始まる岸さんとの出会いや誠実なご尽力がなければ本書は完成しなかっただろう．

　本書の第1章は作田が齋藤研究室の2010年度卒業生である廣川奈美さんと野下佳那子さんの卒業研究を学術雑誌における一般的な投稿論文のスタイルにまとめた．つづく第2章と第3章は作田と齋藤が担当し，第4章と第5章は伊藤が，第5章の説明は若田が担当した．

　本書を上梓することにより，私の研究室に所属した学生たちの素晴しい研究に対して，1人でも多くの方が面白いと感じてくださることを願っている．さらに，本書を手引きとすることによって，論文を作成することにためらいを感じている学生たちや若手研究者たちが，学術雑誌に勇気を持って投稿してくれることを願っている．それらがやがて公表されることは，我が国の研究レベルの底上げにもつながるからである．いつの日かその成果が社会において多くの人々に活用され，その研究が引き継がれていくことは，研究を社会に還元する方策の1つであるのと同時に，人々の幸福に役立つことであると信じている．

2013年3月

齋藤　美穂

本書の構成と使い方

　まずは，本書の構成と使い方について説明します．
　第1章では，論文の完成形を紹介します．論文とはこのようなものだというイメージを作るためのものです．
　第2章では，論文の書き方の説明をします．第1章で見たような論文を書くために何が必要かを述べます．まずは論文執筆の基本的事項を学び，続いてその基本を踏まえて，第1章で見た論文について詳しく解説します．
　第3章では，感性認知科学研究でよく使用される手法の説明を行います．研究テーマを決めたり，研究テーマにどのようにアプローチしたら良いか迷ったりしたら，この章の説明を手掛かりのひとつにして下さい．
　第4章では，論文に主に使われる統計の手法の説明を行います．基本統計量，統計的検定，因子分析などの解説を，第1章の論文事例や小さな例題などを用いてやさしく説明します．
　第5章では，第4章で学んだ分析手法について，実際にRコマンダーを用いて分析する方法を説明します．実験や調査で得られたデータを分析して論文にまとめていくときに役立つ章になるでしょう．
　第5章に続く付録では，RとRコマンダーのインストール方法や，分析選択のフローチャートを記載しましたので，実際に分析を進めていくときの参考にしてください．さらに早稲田大学人間科学学術院齋藤研究室に所属した学生たちの卒業論文（卒業研究）・修士論文・博士論文のタイトルを掲載しましたので，研究テーマを絞り込む際の参考にしてください．
　以上のように，本書はトップダウンの構成になっています．すなわち，最初に完成形である論文を見て，自分がこの先，完成させるであろう論文のイメージを作ったあとで，完成するまでの手法や分析方法を学びます．そして本書を読み終わった後には，いつの間にか第1章で眺めたような論文を自分自身の手で完成させることができるようになっていることを願っています．

```
┌─────────────────────────┐
│      論文のイメージ      │
│    （第1章 論文事例）    │
└─────────────────────────┘
            ↓
┌─────────────────────────┐
│  論文の書き方・構成を学ぶ  │
│   （第2章 論文の書き方）  │
└─────────────────────────┘
            ↓
┌─────────────────────────────────────────┐
│            研究手法を学ぶ                │
│ （第3章 研究手法の紹介--- 感性認知科学研究の手法）│
└─────────────────────────────────────────┘
            ↓
┌─────────────────────────┐
│    統計分析の手法を学ぶ    │
│    （第4章 分析の手法）    │
└─────────────────────────┘
            ↓
┌──────────────────────────────────┐
│            実際に分析             │
│ （第5章 Rコマンダーを用いたデータ解析）│
└──────────────────────────────────┘
            ↓
┌─────────────────────────┐
│        論文完成！         │
└─────────────────────────┘
```

目次

はじめに

本書の構成と使い方

第1章 論文事例 ·· 1

事例1 雑誌のレイアウトにおける好ましさと見やすさ
　　　──料理雑誌を用いた印象評価と視線計測　2

事例2 自意識と体型認知の関係性
　　　──シルエット画像を用いた検討　13

第2章 論文の書き方 ·· 27

2.1　論文の体裁　28

2.2　論文の構成　29

2.3　論文の解説　36

　2.3.1　事例1：雑誌のレイアウトにおける好ましさと見やすさ
　　　　　　　──料理雑誌を用いた印象評価と視線計測　36

　2.3.2　事例2：自意識と体型認知の関係性
　　　　　　　──シルエット画像を用いた検討　46

　　コラム　論文の体裁の補足情報　29

　　コラム　読者（初学者）へのアドバイス：文献を読むこと　35

第3章 研究手法の紹介──感性認知科学研究の手法 ································ 57

3.1　刺激について　58

3.2 データの採取方法　61
- 3.2.1 生理データ　61
- 3.2.2 心理データ　65

3.3 反応の計測　67

3.4 実験を組み立てるには　72
- 3.4.1 調査と実験の違い　72
- 3.4.2 実験計画法　74
- 3.4.3 実験群と統制群　76
- コラム　モーフィング　59
- コラム　タキストスコープ　60
- コラム　倫理的問題について　72

第4章　統計手法の紹介　79

4.1 データの種類と尺度　80

4.2 基本統計量　81
- 4.2.1 平均値と分散・標準偏差（SD）　81
- 4.2.2 基準値（Z値）　84

4.3 統計的検定　85
- 4.3.1 統計的検定の基礎　86
- 4.3.2 正規分布　89
- 4.3.3 母平均の検定　92
- 4.3.4 2群の平均値の差の検定（対応のない場合）　94
- 4.3.5 2群の対応のある平均値の差の検定　96
- 4.3.6 分散比の検定（F検定）　96
- 4.3.7 分散分析　97
- 4.3.8 分割表の検定（カイ2乗検定）　103
- 4.3.9 フィッシャーの正確確率検定　106
- 4.3.10 母比率の検定　106
- 4.3.11 2群の比率の差の検定　107

4.4 多変量解析 107

   4.4.1 相関関係 108
   4.4.2 重回帰分析 110
   4.4.3 主成分分析 114
   4.4.4 因子分析 116
   4.4.5 クラスター分析 125
   コラム　偏差値 85
   コラム　母分散の推定例 88
   コラム　自由度 $d.f.$（degree of freedom）について 89
   コラム　標本平均の標準偏差の計算例 91
   コラム　t 検定の繰り返しができない理由 95
   コラム　有意水準の表記について 102
   コラム　相関係数の計算式について 109
   コラム　疑似相関 110
   コラム　最小2乗法 111

第5章　Rコマンダーを用いたデータ分析　131

5.1 Rコマンダーで分析をする 132

   5.1.1 Rコマンダーを起動する 132
   5.1.2 Rコマンダーで扱える分析手法 133
   5.1.3 Rコマンダーを用いた分析の手順 134

5.2 Excel でのデータの準備 134

5.3 Rコマンダーへのデータのインポート 136

   5.3.1 インポート操作 136
   5.3.2 因子の変換 139

5.4 統計的検定 140

   5.4.1 母平均の検定（母分散が未知のとき） 140
   5.4.2 2群の平均値の差の検定（対応のない場合） 141
   5.4.3 2群の対応のある平均値の差の検定 143

5.4.4 分散比の検定（F 検定） 144
5.4.5 1 要因分散分析（1 元配置分散分析） 146
5.4.6 2 要因分散分析 148
5.4.7 分割表の検定（カイ 2 乗検定） 151
5.4.8 フィッシャーの正確確率検定 153
5.4.9 母比率の検定 154
5.4.10 2 群の比率の差の検定 156

5.5 多変量解析 158

5.5.1 相関関係 158
5.5.2 重回帰分析 160
5.5.3 主成分分析 161
5.5.4 因子分析 164
5.5.5 クラスター分析 169

コラム セル・行・列 135
コラム データのコピーとクリップボード 137
コラム 「ファイル内に変数名あり」のチェックについて 138
コラム 分散分析におけるデータの対応のある／なし 147

付録 173

1 R，R コマンダーのインストール 174

付 1.1 R をインストールする 174
付 1.2 R コマンダーをインストールする 180

2 感性認知科学研究，研究題目リスト 185

3 分析選択のフローチャート 194

参考文献 197
索引 199

章扉イラスト／作田由衣子

第 1 章

論文事例

この章では,実際に書かれた論文事例を2つ紹介します.まずは実際の論文がどのようなものか見てイメージを作った後に,第2章以降で詳しい解説に移っていくことにしましょう.

なお各ページの欄外に語句の説明を入れてありますが,詳しくは第3章,第4章を参照してください.

事例1：雑誌のレイアウトにおける好ましさと見やすさ
―― 料理雑誌を用いた印象評価と視線計測

要旨

本研究では，見やすいもしくは好まれる雑誌のレイアウトデザインの特徴について検討した．実験Ⅰでは，質問紙調査によりレイアウトの印象について検討した．その結果，レイアウトデザインの印象は審美性と個性により規定されること，見やすさと好みには審美性が関与しており，見やすさと好みは強く関連していることなどが示された．実験Ⅱでは，雑誌を見る際の視線のパターンについて，視線計測装置を用いて，見やすいデザインと見にくいデザインで比較を行った．その結果，見やすいデザインと見にくいデザインでは雑誌を見る際の視線の動き方が異なることが示された．得られたデータを基に，好印象を与えるレイアウトデザインの提案を行った．

Keywords：印象評定，視線計測，レイアウト，雑誌デザイン

背景

近年，若者の活字離れや，資源の無駄遣いなどが社会問題になりつつあり，「簡単」，「速い」，「省資源」などといった理由からウェブ社会への移行が急速化している．そのため，書籍，雑誌を取り扱う出版業界は大きな影響を受けている．そこで本研究では，紙媒体での出版におけるより良い表現方法を見出すため，雑誌にスポットを当て，紙の出版の魅力を引き出す一助となる要因を検証することを目的とした．

永野・高橋・渡辺（1964）によれば，「読みやすさ」にはいくつかの側面があると考えられる．1つは文字色と地色のコントラストやフォントの形，図版と文字情報の位置関係など，紙面上の構成要素が読み手に与える心理的影響を指す「可読性」のレベル，もう1つは使用言語や語句，言い回し，内容などが関わる「読解」のレベルである．これに加えて，日常生活での経験を振り返ると，それら以前に発生する，文字情報と対面した瞬間に喚起される快・不快の印象，すなわち「第一印象」の

レベルが存在すると桐谷・織田・玉垣（2010）は指摘している．本研究で扱う「見やすさ」に関しては，「可読性」のレベルでの見やすさと定義する．

また，人間の視線移動の法則として「Zの法則」や「Fの法則」が提唱されている．張・吉野（2009）や竹中・新村・石垣・本村（2010）によると，Zの法則はマーケティング業界でよく利用されており，ポスターや紙媒体の広告を見るときに人の視線が左上から右下までZ型に動くという傾向を利用して，1番見せたい内容を左上に置くという手法である．一方，Fの法則とは，主にウェブ業界で利用される手法である．Jakob（2006）は，ウェブサイトを見る際の視線追跡調査の結果，多くの場合，ユーザーは左上から右への水平方向の動きとコンテンツの左端部分を縦に動くという視線の動きを示すという法則を発見している．このような媒体での視線の動きの違いから，同じ内容のコンテンツでも，媒体の違いによってレイアウトを変える必要があるということも指摘されている．

本研究では，料理雑誌の誌面を用いて，見やすいデザインや好まれるデザインの特性や関連について検討し，誌面レイアウトに関する法則性を発見することを目的とした．なお，料理雑誌を研究対象にしたのは，さまざまな雑誌のジャンルの中で，料理雑誌が最も写真と文字の両方の要素が重視されるジャンルであると考えたためである．本稿は，質問紙を用いてレイアウトの印象についての調査を行う実験Ⅰと，視線計測装置を用いて誌面を読む際の視線の動きのパターンを計測する実験Ⅱによって構成されている．

実験Ⅰ：料理雑誌の見やすいレイアウトについての質問紙調査

見やすいレイアウトや好まれるレイアウトについて検討するため，レイアウトを変えて料理雑誌の誌面を作成し，SD法（Semantic Differential method；意味微分法）による印象評定および見やすさと好みの評定を行った．

SD法（Semantic Differential method）：
明るい-暗いなど複数の形容詞を使って印象を測定する手法．⇒p.69

方法
実験参加者 首都圏在住の大学生および大学院生80名（男性40名・女性40名）が調査に参加した．平均年齢は20.95歳

> SD：
> 標準偏差（Standard Deviation）⇒p. 81

（$SD=1.68$）であった．

刺激　Adobe In Design CS4（Adobe 社）を使用して架空の料理雑誌のページを 30 種類作成し，予備調査で 15 刺激を選定した．写真の内容がレイアウト評価の際の印象に影響しないよう，レイアウトはそのままで，写真の内容のみを変えた刺激を 4 パターン作成し，それら 4 パターンに対する評価の平均値を分析の対象とした．なお，いずれの刺激も，写真は料理雑誌から引用した．80 名の実験参加者にこの 4 パターンの刺激を均等に振り分け，1 パターンにつき男性 10 名・女性 10 名ずつを割り振った．

質問紙　質問紙では，まず刺激ごとに，10 形容詞対 7 段階評価の SD 法を用いた印象評価を行った．印象評価では，読みやすい-読みにくい，個性的な-ありきたりな，好きな-嫌いな，上品な-下品な，美しい-汚い，目立った-目立たない，親しみやすい-親しみにくい，変化のある-単調な，散漫な-まとまった，おもしろい-つまらないの 10 形容詞対を使用した．また，見やすさと好みの程度についてそれぞれ 0〜100 点で点数評価をさせ，その刺激のレイアウトをより好ましいものにするには，どのような工夫をすれば良いかということについて，自由に記述させた．最後に本調査を終えて，料理雑誌の誌面レイアウトについて気づいたことを自由に記述させた．

結果

> 因子分析：
> たくさんのデータを少数の次元で説明する分析法の 1 つ．⇒p. 116

分析 1：印象について（因子分析）　印象評定値について，最尤法・プロマックス回転による因子分析を行った．その結果，因子間に相関が確認されなかったため（$r=.07$），改めて最尤法バリマックス回転による因子分析を行った．「目立った-目立たない」は因子負荷量が 0.4 以下となったため排除し，再度因子分析を行った．その結果，2 因子が抽出された（表 1）．第 1 因子は「好きな-嫌いな」，「読みやすい-読みにくい」，「美しい-汚い」など，誌面のデザインに対する印象を表現する形容詞から構成されていることから「審美性因子」と命名した．第 2 因子は「個性的な-ありきたりな」，「おもしろい-つまらない」，「変化のある-単調な」など，誌面が持つ独自性や特徴を表現する形容詞から構成されていることから「個性因子」と命名した．

> 因子負荷量：
> 各因子と各質問項目の関連の度合い．⇒p. 117

表1 印象評定値に対する因子分析結果（回転後の因子負荷量）

	審美性	個性	共通性
審美性			
好きな-嫌いな	.841	.204	.749
読みやすい-読みにくい	.773	.000	.599
美しい-汚い	.753	.134	.585
親しみやすい-親しみにくい	.739	.000	.552
上品な-下品な	.704	.117	.510
散漫な-まとまった	-.605	.374	.506
個性			
個性的な-ありきたりな	.000	.745	.556
変化のある-単調な	.000	.712	.507
おもしろい-つまらない	.337	.710	.617

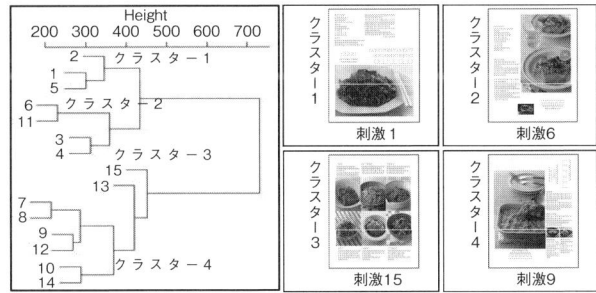

図1　クラスター分析結果：デンドログラムと刺激の例
　　　（デンドログラムの左端の数字は刺激番号）

分析2：印象の類似度（クラスター分析）　因子分析により抽出された「審美性因子」，「個性因子」の2つの軸に基づいて刺激を分類するため，各因子の**因子得点**を用いてウォード法平方ユークリッド距離による**クラスター分析**を行った．その結果として得られた**デンドログラム**を基に，15個の刺激を4つのクラスターに分類した（図1）．クラスター1は刺激1，2，5，クラスター2は刺激3，4，6，11，クラスター3は刺激15のみ，クラスター4は刺激7，8，9，10，12，13，14で構成された．

各クラスターの印象を比較するため，クラスターを要因とした1要因4水準（クラスター：1～4）の**分散分析**を行った（図2，3）．その結果，審美性因子においては，クラスター間に0.1％水準で有意な差があることが認められ（$F_{(3,1196)} = 7.511$, $p < .001$），Tukey法による多重比較では，クラスター2とクラスター4の間に有意な差が見られた．すなわち，クラスター2

因子得点：
ここでは因子を抽出した後に，各評定者がそれぞれの刺激をどのように評価していたかを示した値．⇒p.124
クラスター分析：
データをグループ分けする手法の1つ．⇒p.125
デンドログラム：
クラスター分析の結果得られる樹形図．近くにあるものほど似ていると解釈する．
⇒p.128
分散分析：
平均値の差に意味があるかを調べる分析法．⇒p.97

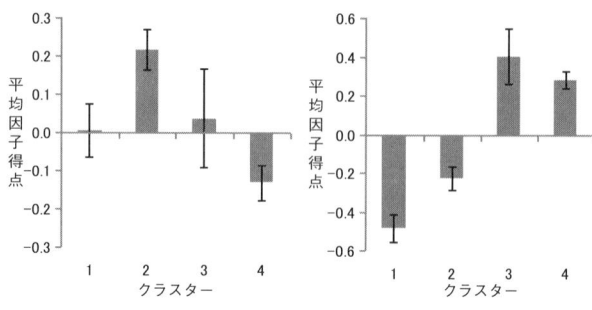

図2　審美性因子得点の平均値　　図3　個性因子得点の平均値
(Error bar: *SE*)

SE：
標準誤差 (Standard Error)
⇒p.90

多重比較：
どの群間に差があるか明らかにする手法．⇒p.100

標準化：
平均が0，標準偏差が1となるようにデータを変換．
⇒p.84

重回帰分析：
ある要因が，他の複数の要因から影響を受けているとき，その関係性を求める分析．影響を受ける方を従属変数（目的変数），影響を与える方を独立変数（説明変数）という．
⇒p.110

は好ましく読みやすい印象，クラスター4は好ましくない読みにくい印象を持たれていた．また，個性因子についても同じように，クラスター間で0.1パーセント水準での有意な差が見られ（$F_{(3,1196)} = 37.760$, $p < .001$），Tukey法による**多重比較**の結果，こちらではクラスター3とクラスター4の間以外全てに有意な差が認められた．クラスター3と4は個性因子得点が高く，ともに個性的でおもしろいという印象が持たれていた．

　分析3：見やすさや好みの分析（重回帰分析）　見やすさ，好みについては**標準化**を行ったそれぞれの評価点を従属変数，各因子の因子得点を独立変数として**重回帰分析**を行った．その結果，見やすさにおいて $Y_1 = .000 + .684 \times$ 審美性因子得点 $- .016 \times$ 個性因子得点（$R^2 = .523$），好みにおいて $Y_2 = .000 + .724 \times$ 審美性因子得点 $+ .178 \times$ 個性因子得点（$R^2 = .615$）という重回帰式が得られた．また，偏回帰係数についての t 検定の結果，重回帰式 Y_1 においては審美性因子，重回帰式 Y_2 においては審美性因子および個性因子の偏回帰係数がそれぞれ有意水準0.1%において有意であった．さらに，見やすさと好みの評価点について相関係数を算出したところ，これらの間には強い正の相関が確認された（$r = .770$）．

考察

　印象評定の結果より，クラスター2に含まれる刺激が読みやすく好ましいと感じられていたことがわかる．また，見やすさと好みの評価の結果と刺激を照らし合わせると，見やすいデザインの特徴としては，「写真及びレシピの数が少ない」という

ことがあげられる．視覚的な情報量が少ないものの方がすっきりと見やすい印象を与える傾向がある．また，重回帰分析の結果から，見やすさ評価には審美性因子のみが影響しているということがわかったため，見やすく好まれるレイアウトを作成するためには，審美性因子を構成する「美しい」，「親しみやすい」，「上品な」といった印象を強く与えるような誌面デザインを目標とする必要があると考えられる．見やすいデザインと好まれるデザインの間には強い正の相関関係が見られ，見やすいデザインほど好まれることが示された．

実験II：視線計測

実験IIでは，様々なレイアウトの雑誌に対する視線移動の傾向を調査することにより，雑誌の誌面を読む際の無意識下での反応を明らかにすることを目的とした．見やすいレイアウトや好まれるレイアウトを見る際の視線の動きと，見にくいレイアウトや好まれないレイアウトを見る際の視線の動きについて比較を行った．

方法

実験参加者 首都圏在住の大学生および大学院生8名が参加した．平均年齢は20.95歳（$SD=1.68$）であった．

刺激 実験Iと同様の，15種類の料理雑誌のページを使用した．

手続き 視線計測システム アイマークレコーダー（株式会社ナックイメージテクノロジー EMR-NL8B，以下「EMR」と略記）を用いて眼球運動の測定実験を行い，各刺激の読まれ方を観察した．実験者がEMR機器を装着した参加者の目の前に刺激を提示した．その刺激を，普段雑誌を読む際のイメージで，自分のペースで読むように教示した．

> 視線計測システム…：視線を計測して，見ている場所，時間，順序などを分析できる装置．⇒p.63

結果

視線の動きについて，各レイアウトがどのような順で読み進められる傾向があるかを調べるためにアイマーク軌跡分析を，誌面のどの部分にどのくらいの時間が割かれるのか，どのような視線の動きによって読み進められているのかを調べるために

> アイマーク軌跡分析：視線の動いた軌跡を調べる．

図 4-1　高評価の刺激（刺激 6）のアイマーク軌跡分析　8 名分

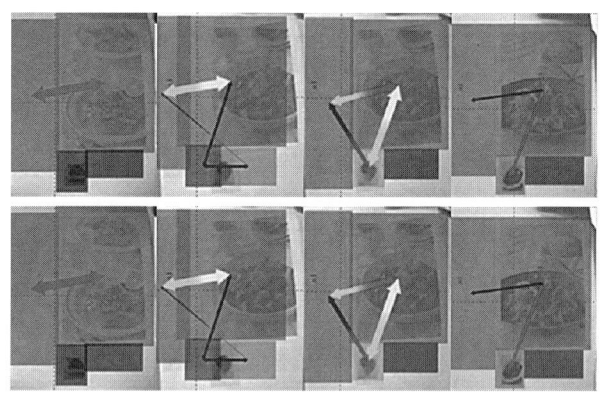

図 4-2　高評価の刺激（刺激 6）の注視パターン分析　8 名分

注視パターン分析：
注目していた箇所の注視時間の特徴を調べる．

　注視パターン分析を行った．見やすさおよび好みの評価点について，8 名分の平均値が最も高かった刺激 6（見やすさ平均 83.13，好ましさ平均 84.38）と最も低かった刺激 2（見やすさ平均 57.50，好ましさ平均 51.88）について，アイマーク軌跡分析の例を図 4-1 および 5-1 に，注視パターンの例を図 4-2 および 5-2 に示す．

　視線計測による実験結果をまとめると，1）写真と文字で比較すると写真の方がより注視時間が長い，2）視線の動きは上から下であり，その間に細かなレシピ単位で左から右に視線が動く，3）左から右への動きよりも，上から下への動きの方が，読む順番を決める上で影響力が強い，4）写真と文章のまとま

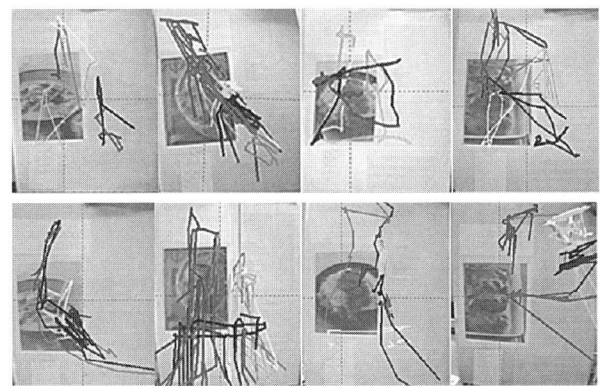

図5-1　低評価の刺激（刺激2）のアイマーク軌跡分析　8名分

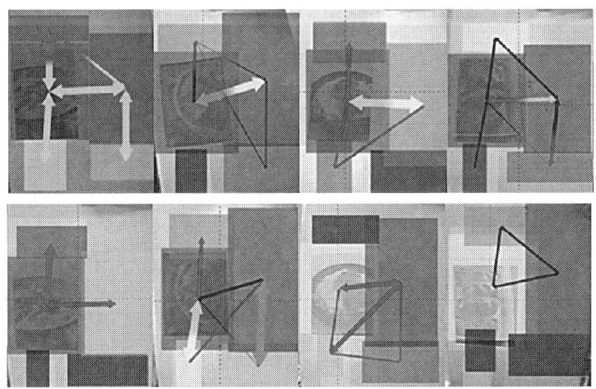

図5-2　低評価の刺激（刺激2）の注視パターン分析　8名分

りの範囲よりも外にある要素についてはあまり見られない傾向がある，5）レイアウトの違いがあっても視線移動の基本的なパターンには違いがないことなどが見出された．評価が高かった刺激と低かった刺激を比較すると，評価が高かった刺激は全体が3つの領域に分割されており，文章と図の領域を交互に行き来しているというパターンが見られた．一方，評価が低かった刺激は全体が4から5の領域に分割されており，より複雑な注視パターンが見られた．

考察

　以上の結果より，好まれたレイアウトと好まれなかったレイ

アウトの間で注視パターンが異なることが示唆された．視線がスムーズに行き来できるような配置が好まれており，読みやすく感じられていると考えられる．具体的には，1) 料理雑誌には，横方向にレシピ単位で読める形のレイアウトが適していること，2) 多数のレシピを並列させる誌面づくりの場合は，特に主張したいレシピを上または左に置くべきであること，3) 構成要素を全て読ませるためには，写真と文章の範囲を囲った四角形の内側に全ての構成要素を配置する工夫が必要であること，4) 文字については，誌面の視線方向に合わせた向きの文字列で誌面内を全て統一することが必要であることが示唆された．これらの具体的な視線運動や誌面構成の情報と，これまでに見出せた印象に関する情報を組み合わせることによって，作り手側から印象をより明確に方向付けることが可能になると考えられる．

総合考察

本研究では，SD 法による印象評価および視線計測を通して，見やすいデザインと好まれるデザインの分析を行った．

まず，料理雑誌の誌面に対する印象は，「好きな-嫌いな」「読みやすい-読みにくい」「美しい-汚い」などの形容語に代表される視覚的な美感や快・不快に関わる審美性因子と，「個性的な-ありきたりな」「変化のある-単調な」「おもしろい-つまらない」などの形容詞に代表される興味や覚醒に関わる個性因子とで構成されることが分かった．Norman (2004) も，魅力的なデザインには情動の関与が重要であると述べている．たとえ実用性は低くても，好奇心を刺激するような，面白いデザインに魅力を感じることがある．雑誌のレイアウトに関しても，単に視覚的な美感だけでなく，個性や面白さのような高次の情動認知が印象を規定していることが示唆された．

見やすさと好みの因子との関連性としては，見やすさ，好みの両方において，審美性因子の影響力が非常に強いということ，見やすさと好みの間には高い相関があることが示された．Reber, Schwarz, & Winkielman (2004) のレビューによれば，対象の情報の処理がスムーズに行われる場合，快感情を引き起こし，その結果としてスムーズに処理されるものは好ましいと

図6　最も好印象を与えると考えられる誌面レイアウト
(料理写真：http://food.foto.ne.jp/free/products_list.php/cPath/
169_182_239)

判断されると考えられる．本研究の結果も，この知見と一致するものである．

　視線計測調査からは，視線の動きは大きく上から下に向かい，その間に細かなレシピ単位で左から右に視線が動くことが示された．したがって，料理雑誌には，横方向に読めるレイアウトが適している．また，視線のスタート地点である左上に配置する写真の選び方は，誌面構成の際に，最も重要視すべき要素であると考えられる．また，「写真と文字を囲んだ範囲の外に他の要素を置かない」という改善点が多く挙げられていた．

　そこで，上記の結果と，刺激に対する改善点として多く挙げられた「写真を重ねない」という意見を実際に取り入れ，本研究から見出された最も理想的な誌面デザインを例示する（図6）．料理雑誌として，多数のレシピを並列させる誌面づくりの場合は，特に主張したいレシピを上または左に置くべきであると考えられる．以上の事項を考慮することにより，見やすく好印象を与えるレイアウトを作成することが可能になると言えるだろう．

　結果を総合すると，デザインの見やすさと好みには強い相関

があること，好まれるレイアウトと好まれないレイアウトでは視線の動きのパターンが異なることなどが示された．雑誌とウェブそれぞれの特性を考慮することにより，より見やすく好まれるデザインを提案できると考えられる．

引用文献

張善俊・吉野和芳（2009）．視線追跡装置を用いたチェンジブラインドネスの研究 Science Journal of Kanagawa University, 20, 39-43.

Jakob, N. (2006). http://www.usability.gr.jp/alertbox/20060417_reading_pattern.html（奥泉直子（訳）軌跡は"F"を描く U-site.（2010年12月13日））

桐谷佳恵・織田万波・玉垣庸一（2010）．無意味綴りを用いたレイアウト評価の提案――第一印象としての「読みやすさ」評価に関して デザイン学研究, 56, 19-26.

永野賢・高橋太郎・渡辺友左（1964）．国立国語研究所報告24 横組の字形に関する研究．国立国語研究所．

Norman, D. A. (2004). Emotional Design: Why We Love (Or Hate) Everyday Things. Basic Books.（ノーマン, D. A. 岡本明・安村通晃・伊賀聡一郎・上野晶子（訳）（2004）．エモーショナル・デザイン――微笑を誘うモノたちのために 新曜社）

竹中毅・新村猛・石垣司・本村陽一（2010）．外食産業におけるサービス工学の実践 第24回人工知能学会全国大会. 3J1-NFC1a-3.

Reber, R., Schwarz, N., & Winkielman, P. (2004). Processing fluency and aesthetic pleasure: Is beauty in the perceiver's processing experience? Personality and Social Psychology Review, 8, 364-382.

※この論文は，廣川奈美「料理雑誌における見やすいデザインと印象評価」(2010年度早稲田大学人間科学部卒業論文) を基に再構成された．

事例2：自意識と体型認知の関係性
—— シルエット画像を用いた検討

要旨

　従来，青年期の女性の痩身願望には自己のボディ・イメージの歪みが関与すると考えられてきた．本研究では，自意識の高低が体型認知に及ぼす影響を検討するとともに，体型に対する印象の知覚という観点から男性と女性それぞれの体型認知について調査を行った．実験Ⅰでは，痩せ型から肥満型まで体型を操作したシルエット画像を用いた体型への印象評定課題を行った．その結果，男女間で体型への印象が異なることや，自意識の高い人は全体的にシルエット画像の体型を魅力的と判断することなどが示された．実験Ⅱでは，実験参加者自身の全身画像を使用した調整法による体型調整課題を行った．その結果，現在の体型の推定については男女ともに比較的正確であったが，女性参加者は理想の体型を実際より著しく細く設定した．以上の結果より，女性の痩身願望にはボディ・イメージの歪みというよりも，理想体型が細すぎることや体型に対する印象の違いが影響している可能性がある．

Keywords：ボディ・イメージ，印象評定，自意識，体型認知

背景

　近年，特に青年期の女性において，強い痩身願望が過剰なダイエットを引き起こすことが問題となっている．痩身願望に関する研究の多くは，ボディ・イメージの枠組みの中で行われてきた．ボディ・イメージとは，個人が持つ自己の身体に対する認知である．青年期の女性は男性よりもネガティブなボディ・イメージを持ち（Tiggemann, 1994），自分の体型を実際の体型よりも太く知覚することが指摘されている（e.g., Fallon & Rozin, 1985）．

　これまで，シルエット画像を用いたボディ・イメージ研究について，自分自身の現在の体型や理想の体型を選択させる研究は数多く行われてきたが，痩せた体型や太った体型の画像から

形成される性格印象の違いについて詳細に検討した研究報告は少ない．よって本研究では，体型を段階的に操作したシルエット画像を用いて，体型が与える性格印象について検討することを目的とした．先行研究より，女性の方が男性よりも自分の体型を太く知覚し，体型画像に対しても，太った画像のイメージをよりネガティブに評価するのではないかと考えた．

一方，痩身願望と自尊感情についての研究がこれまで数多く行われている（e.g., 田崎，2007）．自尊感情とは，自己の評価的側面であり，「好き」「価値がある」などの評価感情次元で自分自身をとらえたものである．本研究では，自尊感情を構成すると考えられる自意識に着目し，自意識の高低が体型認知とどのように関係するかについても検討した．自意識が高い人ほど，自分自身の体型を正確に認識しているのではないかと考えた．

本研究の構成は以下のとおりである．実験Ⅰではシルエット画像からイメージされる性格印象の評価および自意識尺度への回答を行った．実験Ⅱでは実験参加者自身の体型や理想体型の認知について，調整法により検討した．

調整法：
精神物理学的測定法の1つ．刺激の大きさなどを少しずつ変化させ，物理量と心理量の対応関係を調べる．⇒p.67

実験Ⅰ：シルエット画像に対する性格印象評価

シルエット画像からイメージされる性格印象を検討するとともに，評価者の自意識の高低と体型認知の関係性を検討することを目的とした．自意識は私的自意識と公的自意識から構成される．それぞれが体型画像から形成される印象に影響するかを検討した．

方法

実験参加者　首都圏在住の大学生および大学院生158名（男性82名・女性76名）が実験に参加した．平均年齢は20.9歳（$SD=1.5$）であった．

SD：
標準偏差（Standard Deviation）⇒p.81

刺激　先行研究（Fallon & Rozin, 1985; Thompson & Gray, 1995）を基に，5段階（非常に痩せた・痩せた・標準・太った・非常に太った）で操作したシルエット画像を作成した（画像については，大学生30名が参加した予備調査により，体型を非常に痩せた体型から非常に太った体型まで段階的に変化させる操作が成功したことを確認した）．シルエット画像は図1

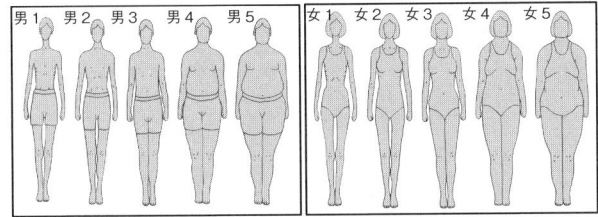

図1　シルエット画像（男性刺激・女性刺激）

のように5つの画像を横に並べてA4判の白紙に印刷し提示した．

手続き　調査は3つの課題から構成された．まず，図1に示す男性刺激，女性刺激について，それぞれランダムな順で1つずつ刺激を指定し，SD法（Semantic Differential method；意味微分法）（16項目，7段階評定尺度）により印象を評価させた．使用した形容詞対は「積極的な-消極的な」，「陽気な-陰気な」，「のんびりした-せかせかした」，「好きな-嫌いな」，「親しみやすい-親しみにくい」，「清潔な-不潔な」，「頼もしい-頼りない」，「優秀な-無能な」，「幸福な-不幸な」，「心の広い-心の狭い」，「敏感な-鈍感な」，「美しい-醜い」，「堂々とした-卑屈な」，「おしゃれな-やぼったい」，「自信のある-自信のない」，「気長な-短気な」であった．

次に21項目の自意識尺度（菅原，1984）について「1：全く当てはまらない」～「7：非常に当てはまる」の7段階で回答させた．質問項目については表3に示す．

最後に，実験参加者自身の体型について，①自分自身の現在の体型，②自分自身の理想の体型のそれぞれに当てはまるシルエット画像を選択させた．

結果

分析1：シルエット画像の印象　印象評定値に対して因子分析（最尤法・プロマックス回転）を行った．その結果2因子が抽出され，因子に含まれる形容詞から判断して「内面魅力因子」「外見魅力因子」と命名した（表1）．因子間の相関は-.206であった．

次に，体型による印象の違いが統計的に意味のあるものかを

SD法（Semantic Differential method）：
明るい-暗いなど複数の形容詞を使って印象を測定する手法．⇒p.69

因子分析：
たくさんのデータを少数の次元で説明する分析法の1つ．⇒p.116

表1 印象評定値に対する因子分析
（回転後の因子負荷量）

	内面魅力	外見魅力
内面魅力		
頼もしい-頼りない	.701	.134
心の広い-心の狭い	.698	-.132
幸福な-不幸な	.669	.261
堂々とした-卑屈な	.654	.191
親しみやすい-親しみにくい	.642	.145
陽気な-陰気な	.627	.173
気長な-短気な	.549	-.286
積極的な-消極的な	.432	.409
外見魅力		
おしゃれな-やぼったい	.000	.794
美しい-醜い	.239	.764
清潔な-不潔な	.000	.760
敏感な-鈍感な	-.419	.658
優秀な-無能な	.212	.649
好きな-嫌いな	.388	.617
のんびりした-せかせかした	.553	-.604
寄与率	.259	.255
累積寄与率	.259	.515

因子得点：
ここでは因子を抽出した後に，各評定者がそれぞれの刺激をどのように評価していたかを示した値．⇒p.124

分散分析：
平均値の差に意味があるかを調べる分析法．⇒p.97

主効果：
それぞれの要因が単独で持つ影響の大きさ．⇒p.102

交互作用：
ある要因の効果が，他の要因の水準によって異なること．⇒p.101

ps：
すべて同じ有意水準なら，複数の有意水準をまとめてこのように略することができる．

確認するため，刺激の種類ごとに因子得点を用いて，分散分析を行った．評価者の性別により，体型の印象に違いがあるかどうかについても検討するため，刺激ごと，評価者の性別ごとに因子得点を算出し，各因子について，2（評価者性別：男・女）×2（刺激性別：男・女）×5（体型操作：非常に痩せている～非常に太っている）の3要因分散分析を行った（表2）．

まず，外見魅力因子については，刺激性別要因（$F_{(1,156)}=26.699, p<.001$），体型操作要因（$F_{(4,624)}=563.428, p<.001$）においてそれぞれ主効果が見られた．また，評価者性別×刺激性別（$F_{(1,156)}=5.702, p<.05$），刺激性別×体型操作（$F_{(4,624)}=4.914, p<.001$），評価者性別×刺激性別×体型操作（$F_{(4,624)}=5.590, p<.001$）の交互作用もそれぞれ有意であった．

体型操作については，評価者性別・刺激性別の全ての組み合わせにおいて，体型操作の主効果が有意であり（***ps***$<.001$），評価者の性別や刺激の性別によらず，ほぼ全ての体型間で印象に差がみられた．

評価者の性別による差がみられたのは非常に太った男性（$p<.05$），非常に太った女性（$p<.001$）に対する印象であった．

表 2 内面魅力・外見魅力因子得点の平均値（M）と標準偏差（SD）

	内面魅力因子得点				外見魅力因子得点			
	男性評価者		女性評価者		男性評価者		女性評価者	
	M	SD	M	SD	M	SD	M	SD
男性刺激								
非常に痩せた	-1.348	.763	-1.370	.738	-.039	.676	-.055	.771
痩せた	-.094	.737	-.071	.845	.728	.619	.810	.680
標準	.548	.573	.730	.545	.682	.584	.844	.691
太った	.486	.765	.517	.740	-.596	.637	-.666	.633
非常に太った	.470	1.001	.355	.966	-1.149	.677	-1.435	.733
女性刺激								
非常に痩せた	-1.213	.828	-1.464	.781	.016	.686	-.026	.705
痩せた	.029	.828	.102	.766	.927	.714	1.135	.760
標準	.719	.531	.873	.599	.945	.561	1.038	.604
太った	.215	.781	.295	.761	-.625	.621	-.708	.626
非常に太った	.134	1.035	.091	.884	-1.152	.693	-.654	.695

女性評価者は男性評価者に比べ，非常に太った男性をよりネガティブに評価し，非常に太った女性に対してはよりポジティブに評価した．

また，刺激の性別との関係からみると，男性評価者も女性評価者も，痩せた体型に対して，男性刺激より女性刺激をポジティブに評価した（男性 $p<.10$；女性 $p<.01$）．標準体型に対しても同様であった（$p<.01$；$p<.10$）．また，女性評価者は男性の非常に太った体型を，女性の非常に太った体型に比べてよりネガティブに評価した（$p<.001$）．

以上をまとめると，女性は非常に太った男性の外見をより魅力的でないと感じるが，非常に太った女性に対する評価はそれほどネガティブではないこと，痩せた体型と標準体型では，男性より女性の方が魅力的と判断されることがわかった．

次に，内面魅力因子についても同様に 3 要因分散分析を行った結果，体型操作要因の主効果（$F_{(4,624)} = 324.280$, $p<.001$）および刺激性別×体型操作（$F_{(4,624)} = 6.071$, $p<.001$）の交互作用が有意であった．単純主効果の検定の結果，標準体型（$p<.05$），太った体型（$p<.01$），非常に太った体型（$p<.01$）について，刺激の性別による差が有意であった．太った体型と非常に太った体型は，女性刺激の方が男性刺激よりもネガティブな評価であったが，標準体型については女性刺激の方がポジティブに評価された．

表3 自意識尺度に対する因子分析結果（回転後の因子負荷量）

項目	公的自意識	私的自意識
自分が他人にどう思われているのか気になる	.757	.000
自分についてのうわさに関心がある	.740	.000
他人からの評価を考えながら行動する	.702	.159
人の目に映る自分の姿に心を配る	.586	.270
自分の発言を他人がどう受け取ったか気になる	.581	.257
自分の容姿を気にするほうだ	.571	.275
人前で何かするとき，自分のしぐさや姿が気になる	.540	.000
人にみられていると，ついかっこうをつけてしまう	.496	.000
人に会うとき，どんなふうにふるまえば良いのか気になる	.455	.212
初対面の人に，自分の印象を悪くしないように気づかう	.417	.222
世間体が気になる	.400	.000
しばしば，自分の心を理解しようとする	.143	.781
自分がどんな人間か自覚しようと努めている	.152	.639
ふと，一歩離れた所から自分をながめてみることがある	.000	.632
つねに，自分自身を見つめる目を忘れないようにしている	.000	.612
その時々の気持ちの動きを自分自身でつかんでいたい	.229	.574
自分が本当は何をしたいのか考えながら行動する	.000	.569
他人を見るように自分をながめてみることがある	.196	.495
自分を反省してみることが多い	.344	.437
気分が変わると自分自身でそれを敏感に感じ取る方だ	.124	.432

　以上をまとめると，内面魅力については評価者の性別による差は見られなかった．太った体型では女性刺激の方が魅力が低く，痩せた体型では男性刺激の方が魅力が低く評価された．

　分析2：自意識の分析　また，自意識尺度値に対して因子分析（最尤法・プロマックス回転）を行った結果，2因子が抽出された（表3）．因子に含まれる項目から判断し，第1因子からそれぞれ「公的自意識」，「私的自意識」と命名した．

　自意識の高低と体型に対する認知の関係性について検討するため，実験参加者ごとに自意識尺度の各因子得点を算出し，因子得点の低い方から自意識低中高の3群に実験参加者を分割した．この群分けが妥当なものであるかどうかを確認するために，自意識尺度の各因子得点について，分散分析により，3群間で比較を行った．その結果，いずれの因子においても，3群間で自意識尺度得点に有意差がみられたため，自意識の高さの異なるグループであるとみなし，この3群間で体型評価の印象因子得点を比較した（ただし，本研究における自意識の高低はあくまでも相対的なものである）．

　印象評価の各因子得点を自意識尺度評価の各因子得点の低中

表4 現在の体型と理想の体型の関係

	男性			女性		
	観測度数	期待度数	調整済み残差	観測度数	期待度数	調整済み残差
太りたい	22	16.923	1.991	11	16.077	−1.991*
そのまま	28	23.590	1.549	18	22.410	−1.549
痩せたい	30	39.487	−3.040	47	37.513	3.040**
計	80			76		

($^*p<.05$, $^{**}p<.01$)

高により3群に分け，3（自意識：低・中・高）×2（刺激性別：男・女）×5（体型操作：非常に痩せている〜非常に太っている）の3要因分散分析を行った．自意識に関して交互作用が見られたのは，外見魅力因子得点について，私的自意識因子の高低により群分けした場合のみであった．自意識と体型の交互作用が見られた（$F_{(8,620)}=2.520$, $p<.05$）．

単純主効果の検定の結果，非常に太った体型において，外見魅力因子得点について自意識の低中高群間で有意差が見られた（$F_{(2,313)}=2.892$, $p=.057$）．私的自意識が中程度の人は，高い人に比べて，非常に太った体型の外見魅力を低く評価していた．また，自意識の低中高全ての群において，体型の主効果が有意であった（低：$F_{(4,525)}=148.900$, $p<.001$；中：$F_{(4,525)}=243.900$, $p<.001$；高：$F_{(4,525)}=173.200$, $p<.001$）．やや痩せた体型と標準体型の間には有意差がみられなかったが，それ以外の全ての体型間で有意差がみられた．いずれの群においても，非常に太った体型を最も外見魅力が低く，太った体型，非常に痩せた体型の順に外見魅力を低く評価した（$ps<.001$）．

以上をまとめると，私的自意識が低い人，中程度の人，高い人のいずれも非常に太った体型を魅力度が低いと判断したが，中でも私的自意識が中程度の人は高い人に比べて非常に太った体型の魅力度を低く評価した．

分析3：現在の体型と理想の体型　最後に，自分自身の現在の体型と理想の体型として選択したシルエット画像について集計した．

理想体型について，自分自身の現在の体型に比べより痩せた体型を選んだ人，そのままの体型を選んだ人，より太った体型を選んだ人に分類して集計した（表4）．2（性別：男性・女性）×3（判断カテゴリ：痩せたい・そのまま・太りたい）の

> カイ2乗（χ^2）検定：
> ここでは，期待度数と観測度数が異なるかどうかを調べる分析法．⇒p.103

クロス集計表についてカイ2乗（χ^2）検定を行ったところ，度数のバラツキは有意であった（$\chi^2_{(2, N=158)} = 9.498$, $p<.01$）．調整済み残差を求めたところ，太りたいと回答した男性は期待度数より有意に多く，女性は少なかった（$p<.05$）のに対し，痩せたいと回答した男性は少なく，女性は多かった（$p<.01$）．

考察

まず，シルエット画像に対する印象について分析を行った結果，画像から感じる印象が評価者の性別によって異なるのは外見魅力に関する印象（「おしゃれな-やぼったい」，「美しい-醜い」など）のみであり，内面魅力に関する印象（「心の広い-心の狭い」，「頼もしい-頼りない」など）は男女で共通していた．

自意識尺度に対して因子分析を行ったところ，2因子が抽出された．先行研究では，自意識は私的自意識と公的自意識から構成されるとされている（菅原，1984）が，本研究でもそれと対応する因子構造が得られた．次に，自意識因子得点の高低により体型に対する印象が異なるかどうかについて分析を行ったところ，私的自意識が中程度の人は高い人に比べて非常に太った体型の魅力度を低く評価した．つまり，相対的に自己に注意を向けやすい人は他者の非常に太った体型をそれほど低く評価しなかった．

最後に，現在の体型と理想の体型として選択されたシルエット画像より，女性の方が痩身願望が強いことが確認された．Tiggemann（1994）によれば，女性は自分の身体に対する満足度が低く，自分を太っていると感じ痩せたいと考える痩身願望の強さと自尊感情の間には有意な負の相関が見られるが，男性にはこのような関係が見られないことが指摘されている．

実験Ⅰではシルエット画像に対して印象判断と体型判断を行ったが，自分自身の体型をどう認知しているかについてより直接的に検討するために，実験Ⅱでは，実験参加者自身の全身画像を用いて，自分の体型や他の対象物のサイズを正確に知覚できているかどうかを検討した．

実験Ⅱ：自分自身のボディ・イメージ評価実験

実験参加者自身の全身画像を用いて，自分自身の体型に対する認知（ボディ・イメージ）の歪みを検討した．

方法

実験参加者　首都圏在住の大学生及び大学院生60名（男性30名・女性30名）が実験に参加した．平均年齢は21.5歳（$SD=2.2$）であった．

刺激　実験参加者の全身画像をデジタルカメラ（CASIO EXILIM EX-Z300）で撮影し，パーソナル・コンピュータ（SONY VAIO VGN-NW51FB, OS：Windows7）に取り込んで使用した．服装の影響を避けるため，実験参加者には全員同一のグレーのTシャツおよびショートパンツを着用させた．撮影時は，実験参加者の輪郭をはっきりさせるため，背景には黒いカーテンを用いた．次に，Adobe Photoshop7.0（Adobe社）を使用し，実験参加者を画像の中央に配置し200×600ピクセルの大きさに加工した．

手続き　実験参加者自身の画像をVisual Basic 6.0を用いて作成した身体心像測定プログラム（田崎・瀬戸山・今田, 2006）内に読み込んで提示し，各質問項目に対して画像の体型（横幅）を調節させた．また，他の対象物のサイズに対しても正確に知覚できているかどうかを確認するために，日常的に目にする350 mlの缶の横幅についても判断させた．質問項目は以下の3項目であった．①「現在のあなたの体型だと思うところまで，大きさを調節してください」②「あなたの理想の体型だと思うところまで，大きさを調節してください」③「350 mlの缶の大きさだと思うところまで，大きさを調節してください」

各質問項目について，4試行ずつ行った．実験の際は明らかに細い画像を提示して太くしていく上昇系列と，明らかに太い画像を提示して細くしていく下降系列を設定した．半数の実験参加者は下降，上昇，下降，上昇の順で，もう半数の実験参加者は上昇，下降，上昇，下降の順で実験を行った．試行と試行の間には10秒間の間隔を設けた．現在の体型の値を100（％）

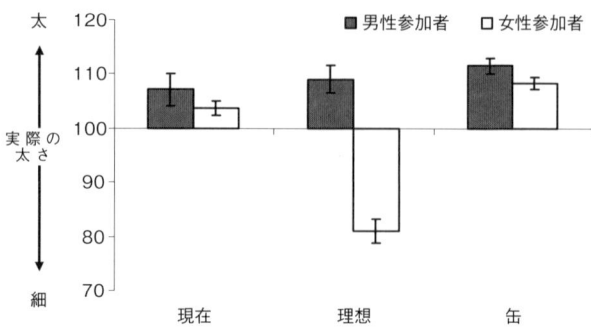

図2 大きさ（太さ）推定の平均値（Error bar: *SE*）

SE：
標準誤差（Standard Error）．
標準偏差を$\sqrt{n}$で割ったもの．
データのバラツキを示す．
⇒p. 90

とし，実際よりも体型を細く感じていれば100未満，太く感じていれば100以上になるよう数値を設定した．

結果

条件ごとに平均値を算出した（図2）．*x*軸の左からそれぞれ「現在のあなたの体型だと思うところまで，大きさを調節してください（以下「現在」と略記）」，「あなたの理想の体型だと思うところまで，大きさを調節してください（「理想」）」，「350 mlの缶の大きさだと思うところまで，大きさを調節してください（「缶」）」についての集計結果（平均値）を示す．

太さの推定値について，2（実験参加者性別：男・女）×3（シルエットイメージ：現在の体型・理想の体型・缶の大きさ）の2要因分散分析を行った．その結果，実験参加者性別要因（$F_{(1,58)}=46.786$, $p<.001$），シルエットイメージ要因（$F_{(2,116)}=27.285$, $p<.001$）において主効果が見られた．また，実験参加者性別とシルエットイメージの交互作用も有意であった（$F_{(2,116)}=23.849$, $p<.001$）．単純主効果の検定の結果，理想の体型に対する判断において，実験参加者性別により有意差が見られた（$p<.001$）．男性参加者よりも女性参加者の方が理想の体型を有意に細く調節した．また，女性参加者は，理想の体型を現在の体型に比べて有意に細く判断した（$p<.001$）．

考察

自分自身の全身画像を現在の体型や理想の体型になるまで調

節させたところ，理想の体型において男女間で有意な差が見られたが，現在の体型や缶の太さにおいては男女間で有意な差は見られなかった．これまでの研究で，女性は自分自身を太っていると思い込む誤った認知があり，そのために痩せなければならないと思い，様々なダイエットに取り組む（田崎，2007）と報告されたが，本研究はそれらの研究とは一部異なる結果となった．

総合考察

本研究では，全体を通して，女性は男性に比べて痩身願望が非常に強いことがわかった．この結果は，これまでの研究（e.g., Fallon & Rozin, 1985）と同様の結果であった．

シルエット画像に対する印象評価については，外見魅力因子と内面魅力因子が抽出された．外見魅力・内面魅力ともに高く評価されたのは標準体型であった．女性の70％は理想体型として痩せた体型を選択したにもかかわらず，痩せた体型よりも，標準体型の方が外見魅力因子・内面魅力因子共に高い評価を得たという結果には矛盾が生じている．その原因の1つとして，女性は標準体型が最も良いことは理解しているが，例えばテレビや雑誌などの痩せを賞賛するメディアの影響などを受け，痩せた体型になりたいと感じていることが考えられる．

これまでの研究で，痩身願望において男女差が報告されているため，さまざまな体型に対する魅力の認知においても男女差が見られるのではないかと推測した．本研究では，シルエットから判断される外見魅力には有意な男女差が存在するが，内面魅力は男女差が存在せず，共通していることが示唆された．

自意識と体型認知の関係については，私的自意識が中程度の人は高い人に比べて非常に太った体型の魅力度を低く評価した．つまり，相対的に自己に注意を向けやすい人は他者の非常に太った体型をそれほど低く評価しなかった．しかし，今回行った調査での自意識の高低は，限られたサンプル内での相対的な高低であるため，自意識低群と高群であっても極端に自意識の高さが違うわけではない．サンプル数を増やして再検討することにより，よりはっきりした結果が得られる可能性がある．

これまでの研究で，女性は自分を太っていると感じるという

誤った認識があるためにダイエットに取り組むと考えられてきたが，本研究では，自分の体型の認知の正確さには女性と男性で差はないにもかかわらず，女性の理想体型が男性に比べて著しく細いという結果が得られた．したがって，女性は必ずしも自分自身の体型を男性に比べて不正確に認知しているわけではなく，女性の痩身願望は単にボディ・イメージの歪みから来るものではないことが示唆された．

特に青年期の女性は，美しさの社会・文化的基準から大きく影響を受け，自己の体型に対してネガティブな主観的評価を下すようになり，その結果として痩せ願望が強くなっていき，摂食障害などの問題を引き起こす可能性がある．よって，メディアなどから得られる情報への依存度を低減させ，自分自身の美的価値観を確立させることが過剰な痩せ願望を防止することにつながると期待できる．

引用文献

Fallon, A. E., & Rozin, P. (1985). Sex differences in perceptions of desirable body shape. *Journal of Abnormal Psychology*, **94**, 102-105.

菅原健介 (1984). 自意識尺度 (Self-consciousness scale) 日本語版作成の試み 心理学研究, **55**, 184-188.

田崎慎治 (2007). 女子大学生における痩せ願望と自己評価および自己受容の関連 広島大学大学院教育学研究科紀要, **56**, 39-47.

田崎慎治・瀬戸山裕・今田純雄 (2006). 食の問題行動に関する臨床発達心理研究 (5) ── Visual Basic 6.0 を用いた身体心像測定プログラムの開発 広島修大論集 **47**, 263-292.

Thompson, M. A., & Gray, J. J. (1995). Development and validation of a new body image assessment scale. *Journal of Personality Assessment*, **64**, 258-269.

Tiggemann, M. (1994). Gender differences in the interrelationships between weight dissatisfaction, restraint, and self-esteem. *Sex Roles*, **30**, 319-330.

※この論文は，野下佳那子「自己意識と体型認知の関係性──

シルエット画像を用いた検討」(2010年度早稲田大学人間科学部卒業論文)を基に再構成された．なお，異なる角度から分析を加え再構成したものを学術雑誌『対人社会心理学研究』に投稿し掲載された（作田由衣子・齋藤美穂（2012）大学生の体型認知と痩身願望における性差の規定因の検討――知覚と印象認知の観点から　対人社会心理学研究, **12**, 121-128）．

第2章

論文の書き方

第1章で見たような論文を書くためには何が必要でしょうか．この章では，まず基本的な論文の書き方を説明し，次にその基礎を踏まえて，第1章で紹介した2本の論文がどのような構成になっていたのかを詳しく解説します．

本章では論文執筆の基本事項を学び，その基本を踏まえて第 1 章の論文について解説します．一度も論文を書いたことのない人にとっては，論文を書くという作業は非常にハードルが高く思えるかも知れません．論文執筆において最も大事なポイントは「自分が何を伝えたいのかを理解し，わかりやすく伝えること」です．ここでは特に調査や実験を行って論文を書こうとしている方を対象に，基本的な論文の構成や具体的に気をつけてほしい点をまとめました．詳細な書式などは論文の提出先（大学，投稿先の学会など）によっても異なりますが，基本的に書くべき内容は大体共通しています．

本章は大きく分けて 2 つのパートからなります．まず，1 つ目のパート（2.1, 2.2 節）で基本的な論文の構成について学びます．そして 2 つ目のパート（2.3 節）は第 1 章で紹介した 2 つの論文を振り返り，これらの論文の構成や各要素を解説しながら，論文執筆の実際について学んでいきます．それではまず，基本的な論文の構成に進む前に，論文の体裁に関して述べます．

2.1 論文の体裁

論文を書く際には，小説や報告書などとは異なり，独特のスタイルが要求されます．詳細な決まりごとについては，論文の提出先によっても異なりますが，ここでは日本心理学会が発行しているマニュアル『執筆・投稿の手引き（2005 年改訂版）』（日本心理学会）に準拠して解説します．以下の URL から無料でダウンロードできるため，論文執筆時にはこちらも参照することをお薦めします．

http://www.psych.or.jp/publication/inst.html

なお，英語で論文を書く際にはアメリカ心理学会（American Psychological Association: APA）が発行しているマニュアルを参照してください．

http://www.apastyle.org/manual/index.aspx

マニュアル自体は有料ですが，上の URL を入力して表示されるサイトの右下の「Tutorials」から，基本的な情報が確認できます（2013 年 2 月現在）．なお，冊子体を購入することもできます．

2.2 論文の構成

　論文は，基本的には，「要旨」，「背景」，「方法」，「結果」，「考察」，「結論」，「引用文献」を含むものとします（このうち背景は，序，はじめに，緒言などの言葉も使用されます）．すなわち，問題提起，研究成果，理論的考察，明確な結論をそなえた論文であることが求められます．そしてこれらの順番で論文は組み立てられます．背景・方法・結果については既に終わった実験や調査についての記述であるため基本的に過去形で，考察に含まれる結果の解釈や今後の展望，一般的事実などは現在形で書くのが一般的です．

要旨

　要旨（abstract）は論文の内容を端的に紹介した文章です（日本語の論文誌でも，英文の abstract が求められる雑誌も多く見られます）．短い文章の中で，方法や結果を要領よく述べることが求められ，要旨に加えてキーワード（keyword）の記載を必要とする論文誌もあります．

コラム　論文の体裁の補足情報

- 文章は簡潔にわかりやすく書きましょう．日本文は常用漢字，現代かなづかいを用います．きちんと意味の通る文章か，独りよがりになっていないか，誤字脱字はないかなど，一度書いた文章を何度も読んで確認しましょう．自分では気づかないことも多いので，提出する前に他の人に読んでもらうのもよいでしょう．読者の立場に立って，わかりやすく丁寧に説明することを心がけましょう．
- 数字は，特別の場合を除き，算用数字（1，2，3，……）を用います．
- 略語は，一般に用いられているものに限り使用できます．特に必要な場合は，初出のときに原語と日本語の訳語を示してください．
　　例：SD 法（Semantic Differential method：意味微分法）
- 本文中での文献の引用は，著者名と刊行年次を括弧に入れて示します．
　　例：大山（2011）によれば，……
　なお文章をそのまま引用する場合の書き方などについては，先に挙げたマニュアルを参照してください．

> **見出し**
> 　見出しは，通常次の3種類の見出しが用いられます（「2.3　論文の解説」参照）．
> ・中央大見出し：ボールド体（太字）で印刷します．原稿の中央におき，その下は1行空けます．
> ・横大見出し：行を空けず，本文は改行して始めます．
> ・横小見出し：行を空けず，左端から1字空けて書き，本文は1字空けて続けます．

背景

　具体的に論文に取り組むときに，まずはテーマの決定が大事な作業であることは言うまでもありません．興味の対象を絞り込んでテーマを決定した後には，そのテーマと同じようなことを過去に行った人はいないか文献検索などを行い調べます．文献検索の目的はいくつかありますが（コラム「読者（初学者）へのアドバイス：文献を読むこと」p. 35 参照），主な目的の1つとして，過去に行った事例の内容を参照することにより，自分の研究の独自性（オリジナリティ）がどこにあるのかを明確にする必要があります．同じような実験や調査が過去に存在する場合は，自分の研究はそれらとどこが違っていて，何を新たに探ろうとしているのか，さらにそれらは目新しい着眼点であるのかといった新規性という側面も，過去の文献や論文を探ることによって明らかとなってきます．よって文献検索は大変重要な作業になります．この検索した文献の研究内容を引用・紹介し，研究を実施する意義や理由を明らかにして研究目的につなげていくところが「背景」になります．明確な背景は，研究結果と突き合わせることにより，その後に記述する論文の「考察」において，自分の論文の重要性や発展性を述べる良い土台となります．

　さて，論文に書かれた研究内容を1つの「情報」とみなしたときに考えてみたいことがあります．たとえば，まったく知らない人に自分がどのようにその研究を行って，どのような内容が得られたのかという情報を上手に伝えようとするときに，何に気をつけたら相手に伝わりやすいか想像してみてください．

5W1Hという言葉を聞いたことがある人は多いと思います．5WはWho（誰が），What（何を），When（いつ），Where（どこで），Why（なぜ）行ったのかを示す単語の頭文字をとって5つのWで表現したものです．これはニュースや報道などにおいて，人に情報を端的かつ正確に伝達する際に重要とされる要素ですが，日本ではこのような欧米の考え方（5Ws）にもう1つHow（どのように）を付け加えて5W1Hという言葉で表すことが多いようです．

　実は，論文も読者に研究内容という情報を伝達するものですから，基本的にはニュースや報道などと同様に，相手にわかりやすく内容を伝えるための要素が重要になります．特に論文の最初に登場する「背景」と次の項目である「方法」では，これらは大切です．

　まず「背景」の部分では5W1Hの中の以下のWhy, Whatが大事な要素になります．

- Why（なぜ）：その研究を行うに当たっての問題提起や背景としての「序」の部分に相当します．ここには，これまで行われた関連研究（先行研究・既往研究）などを紹介したり，仮説などを提示して，「研究目的」につなげる「導入」としての大切な役割があります．自分が行った研究の意義や必要性についても記述します．
- What（何を）：上記を背景とし，その研究の目的，研究テーマ，追究しようとしているものを具体的に明らかにします．

方法

　方法では5W1HのうちWho, When, Where, Howの部分をわかりやすく示していきます．必要に応じて図表を活用しても良いでしょう．

- Who（誰）：誰が反応した主体であるのか，実験参加者（あるいは調査対象者）を明らかにします．実験参加者の人数や属性にかかわる情報（平均年齢と標準偏差や必要に応じて職業や居住地域など）も記載する必要があります．特に国際比較研究等では，対象地域の選定理由にも言及する場合があります．また研究目的に照らし合わせて，より具体的に実験参加者の健康状態などに関して触れることもあります．
- When（いつ）：研究を行った時期（年月日）や実験期間を明らかにしま

す．たとえば色彩の嗜好調査の場合，夏に実施したのか，冬に行ったのかという情報が結果の解釈に必要となる場合もあるからです．また1日で実施したのか，数日に分けて実施したのか，時期をおいて実施したのか，もしくは一定期間，継続して評価や測定をしたのかという情報も必要な場合があります．

・Where（どこで）：実験や調査を行った場所を記載します．これは特に色彩の研究では重要です．直射日光下か室内かといった照明条件も，色の見え方に変化をもたらしますので，実施場所を特定する必要があります（概して色彩研究の照明ではD65という標準光源を使用します．自然光では，北窓昼光が色を見たり測定するのに最も優れていると考えられています）．その他にも，特に生体情報を取得するときには実験場所（温度や湿度などを統制した実験室など）の詳細を記述します．

・How（どのように）：ここではどのように研究を行ったのかという点に関して，具体的な刺激・機器・データ採取方法・手続き・分析方法などを明らかにしていきます．なぜそのような記載が必要かといいますと，科学的な論文にはその実験の**再現性**が求められるからです．つまり，その論文を読んだ人が，仮にもう一度，同じ実験を行いたいと思ったときにでも，同一の刺激や手順でまったく同じように遂行できることを保証する必要があるからなのです．

　具体的な刺激に関する物理的な記述は上記の再現性という意味でも非常に重要です．たとえば色紙（色票）を刺激として使用したならば，表色系における色番号を示すことが必要です．また正確な色番号が不明な場合には，色彩の測定機器などで色を測って（測色して）表示する必要があります．

　さらに，刺激の作成方法や素材なども記載します．パソコン画面で提示する刺激を市販のソフトを使って作成した場合には，ソフト名の他に製造元やバージョンなどの記載もあるとよいでしょう．

　データ採取方法に関する記述も必要です．たとえば，アンケート調査の場合は使用した質問項目や評価段階などを記載します（可能ならば質問項目の選択にかかわった先行研究や参考文献なども併記した方が良いでしょう）．

　また生体情報の採取に関して，たとえば脳波計で脳波を測定したときに

は，使用した機器（メーカーや型番など）や具体的な採取方法（電極の装着部位など），さらに実験の流れ（実験プロトコル）を示します．

さらに刺激の提示順序，提示位置，提示方法，回答方法，所要時間，休憩の有無などといった情報の詳細も必要に応じて記載します．

分析方法を明らかにすることも大切です．データの採取後にどのような統計処理を行って結果を解釈したかは，研究の考察や結論に深くかかわってくるのは言うまでもありません．その分析方法に関する統計的な処理の詳細については，第4章「統計手法の紹介」と第5章「Rコマンダーを用いたデータ分析」を参照してください．

結果

上記のような手続きを通して得られたデータを理解しやすいように加工し統計的に分析した結果を示したものが，基本的に「結果」で記述されるものです．得られた結果を解釈するのは「考察」で行います．しかし，結果と考察を分けない方が記述しやすい場合もあるために，「結果と考察」というように統合して記述する場合も多く見受けられます．

また，ここでは結果を考察でより解釈しやすいように，図や表を用いて，上手な可視化を行うことで，簡潔で説得力のある考察や結論へと導きます．その際に図のタイトルは図の下に置き，表のタイトルは表の上に置くなどの決まりごとがあります．図や表の作成方法に関しては，先に述べた日本心理学会が発行しているマニュアル『執筆・投稿の手引き（2005年改訂版）』に準拠するのが良いと思います．

考察

得られた結果を客観的に解釈するのが「考察」になります．ここで「客観的」と改めて記述したのは，この言葉に重要な意味があるからです．独りよがりな主観的解釈ならば誰にでもできます．しかし科学的な論理性を持つ論文であるためには，誰の目から見ても確認できる**客観性**が重要であるからです．得られた結果が，たとえ仮説と異なり，目的と照らし合わせて予期せぬものであったとしても，それを冷静に客観的に眺めて解釈します．さらに，背景（序など）で記載した先行研究の結果と比較したり，関連する文献など

を参照しながら結論に導くことにより，説得力のあるまとまりの良い論文となります．なお複数の実験や研究がある場合などには，個々の実験や研究にそれぞれ考察をつけることもありますが，その場合でもそれぞれの考察とは別に，全体をまとめた「総合考察」が必要です．書くべき内容としては，実験や調査の結果の要約，仮説が支持されたかどうか，結果の妥当性や意義，得られた成果の応用や今後の課題などがあります．研究の目的や仮説と考察を対応させて書きましょう．

結論
　研究で実施した実験や調査の結果と考察で得られた結論を端的に述べます．またここで，次の課題となることや展望を述べている論文も多く見られます．

　さて以上を踏まえて論文を書くためにするべきことを流れ図にすると図2.1のようになります．

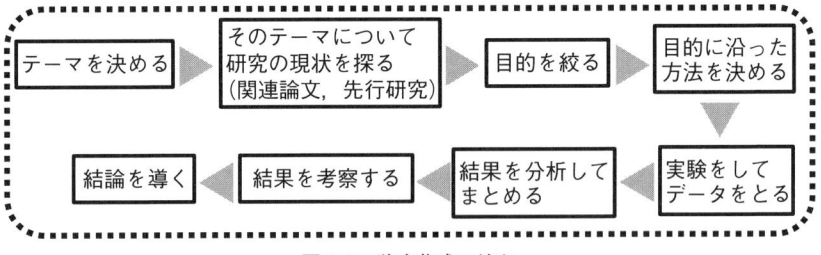

図2.1　論文作成の流れ

引用文献
　参考にしたり引用した関連論文や書籍等を「引用文献」のリストとして最後に掲載します．特に論文中で引用した文献の出典は必ず明記します．日本心理学会のマニュアルに従えば，著者名はアルファベット順で，文献番号はつけずに記載しますが，このスタイルは投稿先によっても多少異なりますので，そのつど執筆や投稿の手引きを確認してください．
　基本的に記載するべき内容は，著者名，発表年，論文や章のタイトル，発表された雑誌名もしくは書籍名，雑誌の場合は掲載された巻号，ページ番号

などです．具体的な書き方の例は，2.3 節「論文の解説」を参照してください．

それでは，次の 2.3 節「論文の解説」において，第 1 章で紹介した 2 つの論文がどのような体裁と流れになっているかを確認していきたいと思います．

コラム　読者（初学者）へのアドバイス：文献を読むこと

　あまり先行研究を読まずに論文を書いてしまう方もいるようですが，文献には研究を進める上で，たくさんのヒントが詰まっています．たとえば文献を読むことで，研究背景を知り，その流れの中に自分の研究を位置付けることができます．これにより，今までの研究で何が足りなかったのかを明らかにし，自分の研究のどこが売りなのかをアピールすることができます．最初はどうしても興味の対象が膨らんでしまい，壮大なテーマを考えがちですが，たとえ壮大なテーマであったとしても，その一部分をテーマとして，目的をピンポイントに絞り込んだ論文の方が，まとまりの良い優れた論文になります．

　また，「考察」では，自分の調査や実験で得られた結果について，先行研究と比較して結果の解釈を行います．これにより，論文に深みと広がりが出ます．

　卒論の参考文献として専門書ではなく一般書が挙げられることも多いのですが，一般書だけでなく，最新の論文をチェックする必要があります．本は，内容がまとまっているためその分野の概要をつかむには有益ではありますが，必ずしも新しい情報ではありませんし，かなり内容が限定されてしまいます．また，英語が苦手な方も多いと思いますが，英語の論文も読むべきです．研究は世界中で行われているので，日本語の文献だけでは得られる知識が偏ってしまいます．英語で書かれた論文の中にも，質の高い面白いものがたくさんあります．論文が掲載されている雑誌の中にも，レベルが高くたくさんの人たちに読まれているものと，そうでないものがありますので，注意しましょう．「インパクトファクター（IF）」の数値を参考にしましょう．

　また，「先行研究が見つからない」という人もいますが，自分が調べようとするテーマと 100% 一致する文献はないと思ってください．文献を探すデータベースとしては，日本語の文献なら CiNii，日本語以外なら PsychINFO や Google Scholar などを使うことが多いです．

　最後に，文献を読むことは大事だとはいえ，本や論文に書かれたことを鵜呑みにしないように気をつけましょう．本に載っているからといって必ず正しい内容とは限りません．論文で記載された結果も，もし実験手続きに問題

があるとしたら信頼できる結果とは言えないでしょう．書いてあることをそのまま受け入れるのではなく，手続きや結果の解釈などに問題がないかどうか吟味しながら読む必要があります．

2.3 論文の解説

2.3.1 事例1：雑誌のレイアウトにおける好ましさと見やすさ —— 料理雑誌を用いた印象評価と視線計測

この論文は，2つの研究から構成されています．1つ目の研究では料理雑誌のレイアウトデザインについて印象評価を行い，2つ目の研究では料理雑誌を見る際の視線計測実験を行いました．本項では，この論文の組み立て方と，1つの論文に研究が2つ含まれる場合の章立ての仕方について，背景から順に解説します．

研究背景と目的

背景には，論文のテーマに関して，これまで行われてきた研究のまとめと，自分が行った研究の必要性，目的や仮説などを記述します．一般的な事象から書き始めて問題提起につなげると，理解を助けやすくなります．提起したい問題についての先行研究をまとめ，自分の論文で取り上げる問題を具体的にしていきます．自分の研究で扱う概念を整理し，用語の定義を明示することも重要です．この論文では以下のような構成になっています．

中央大見出し	→ 背景
一般的な事象から書き始め，問題提起．	近年，若者の活字離れや，資源の無駄遣いなどが社会問題になりつつあり，「簡単」，「速い」，「省資源」などといった理由からウェブ社会への移行が急速化している．（略）そこで本研究では，紙媒体での出版におけるより良い表現方法を見出すため，雑誌にスポットを当て，紙の出版の魅力を引き出す一助となる要因を検証することを目的とした．
	永野・高橋・渡辺（1964）によれば「読みやすさ」にはい

2.3 論文の解説　37

> くつかの側面があると考えられる．1つは（略）．本研究で扱う「見やすさ」に関しては，「可読性」のレベルでの見やすさと定義する．
>
> また，人間の視線移動の法則として「Zの法則」や「Fの法則」が提唱されている．張・吉野（2009）や竹中・新村・石垣・本村（2010）によると，（略）

〔先行研究を参照しながら，自分の研究で扱う概念の整理，言葉の定義を示す．〕

> Jakob（2006）は，ウェブサイトを見る際の視線追跡調査の結果，多くの場合，ユーザーは左上から右への水平方向の動きとコンテンツの左端部分を縦に動くという視線の動きを示すという法則を発見している．このような媒体での視線の動きの違いから，同じ内容のコンテンツでも，媒体の違いによってレイアウトを変える必要があるということも指摘されている．

〔先行研究の紹介．〕

> 本研究では，料理雑誌の誌面を用いて，見やすいデザインや好まれるデザインの特性や関連について検討し，誌面レイアウトに関する法則性を発見することを目的とした．なお，料理雑誌を研究対象にしたのは，さまざまな雑誌のジャンルの中で，料理雑誌が最も写真と文字の両方の要素が重視されるジャンルであると考えたためである．本稿は，質問紙を用いてレイアウトの印象についての調査を行う実験Ⅰと，視線計測装置を用いて誌面を読む際の視線の動きのパターンを計測する実験Ⅱによって構成されている．

〔研究の目的と論文の構成を記述．研究対象を絞った理由も記述．〕

　この論文では，まず一般的な事象から書き始めて，研究の問題提起のきっかけにしています．そこから具体的な先行研究の紹介に移り，社会の中で見られる一般的な問題を研究の枠組みで捉え直すということをしています．

　先行研究は，自分の研究に関連のあるものをピックアップします．たとえば自分の考えを説明する上で助けになるようなもの（考えの根拠や妥当性を示すもの），これまでの研究の流れを説明するのに必要なものを探しましょう．あくまでも自分の考え（仮説や問題意識）の記述がメインなので，1つの先行研究について漫然と書く必要はありません．先行研究の引用の際は，基の研究の主張を曲げたりせず正確に引用しましょう．

また，ここでは自分の研究の中で重要となる雑誌デザインの「見やすさ」について，先行研究を引用しながら論文の中での定義を行っています．研究によって捉え方が異なる可能性がある概念などについては，自分の論文の中ではどのような意味で用いるか，その根拠も示しながら説明しておく必要があります．

背景の最後に，論文の目的を記述しながら，この研究でなぜ料理雑誌にスポットを当てたのかを記述しています．この一文がないと，読者としては，どうして料理雑誌を選んだのかなという疑問を感じてしまいます．使用した刺激に妥当性があることを示す大事な記述です．

方法

実験参加者，刺激，手続きなどについてできるだけ詳しく記述します．参考にした文献などがあれば引用します（そうすると，自分の行った実験方法の妥当性を高める後ろ盾になります）．他にも，自分の行った実験や調査にとって必要な情報はできる限り詳しく載せます．以下に論文の抜粋を示します．

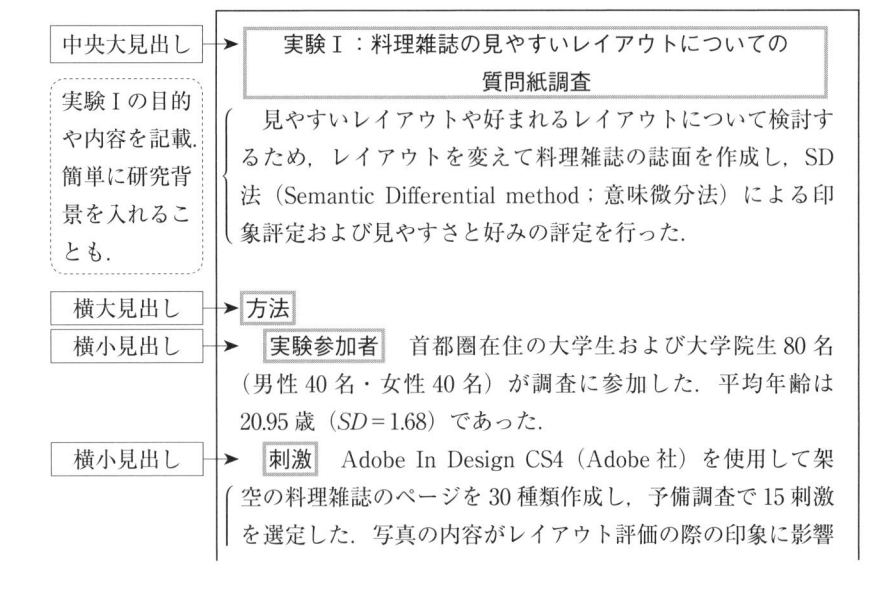

中央大見出し → 実験Ⅰ：料理雑誌の見やすいレイアウトについての質問紙調査

実験Ⅰの目的や内容を記載．簡単に研究背景を入れることも．

見やすいレイアウトや好まれるレイアウトについて検討するため，レイアウトを変えて料理雑誌の誌面を作成し，SD法（Semantic Differential method；意味微分法）による印象評定および見やすさと好みの評定を行った．

横大見出し → 方法

横小見出し → 実験参加者　首都圏在住の大学生および大学院生80名（男性40名・女性40名）が調査に参加した．平均年齢は20.95歳（$SD=1.68$）であった．

横小見出し → 刺激　Adobe In Design CS4（Adobe社）を使用して架空の料理雑誌のページを30種類作成し，予備調査で15刺激を選定した．写真の内容がレイアウト評価の際の印象に影響

2.3 論文の解説　39

> 刺激の作成と
> 参加者への割
> り振りの説明．
> しないよう，レイアウトはそのままで，写真の内容のみを変えた刺激を4パターン作成し，それら4パターンに対する評価の平均値を分析の対象とした．（略）80名の実験参加者にこの4パターンの刺激を均等に振り分け，1パターンにつき男性10名・女性10名ずつを割り振った．

　他の人が論文を読んで同じ実験や調査を行うことができるように，正確に丁寧に書きます．自分の研究と同じような手法を使っている論文を参考にして書きましょう．内容としては，実験参加者や調査対象者の人数，性別や年齢などの属性，どのように募集したか，使用した刺激材料や装置，質問紙調査であれば使用した項目の例，実験や調査の手続き，分析対象とする指標，分析方法などを記載します．

　質問紙調査の場合は，必ずしもすべての項目を方法のところで述べる必要はありません．付録として掲載する場合が多くみられます．この論文の場合は印象評価の形容詞対と，その他の評価や質問について「質問紙」という項に記述しています．

　この研究では，刺激の作り方がとても重要になります．ここでは同じレイアウトで写真を変えて4パターン作成し，この4パターンの刺激を男女10名ずつの実験参加者に割り振ったと記述しています．この操作をカウンターバランスといいます．写真の違いによる印象への影響を相殺してしまうわけです．写真による印象の違いではなく，あくまでもレイアウトデザインによる印象の違いを問題にするためです．

　刺激として画像を使用した場合は，画像の例を載せるとイメージがつかみやすくなります．画像を作成したり選択したりした基準についても明確に記述します．適当に作ったものではないことを強調するわけです．また，なぜその方法をとったのかなど，自分の使った手法の妥当性についても記述しましょう．たとえば，印象評定の形容詞は適当に選んだものではなく，先行研究や予備調査に基づいて選んだものであると明記しましょう．

結果

　実験や調査の結果を，図表を用いながら記述します．ここでは結果の解釈

などはせず，事実のみを客観的に記述しましょう．この論文では，分析1から3に分けて記述しています．このように，分析の内容によって分けて書くことで，結果が整理され読みやすくなります．実験や調査の結果を求めるために，使用した分析方法や，分析対象とした指標について説明します．何のためにその分析を行っているのかを説明しながら書くとわかりやすくなります．

横大見出し →	結果
横小見出し →	分析1：印象について（因子分析）

印象評価値について，最尤法・プロマックス回転による因子分析を行った．その結果，因子間に相関が確認されなかったため（$r=.07$），改めて最尤法バリマックス回転による因子分析を行った．「目立った-目立たない」は因子負荷量が0.4以下となったため排除し，再度因子分析を行った．その結果，2因子が抽出された（表1）．第1因子は，「好きな-嫌いな」，「読みやすい-読みにくい」，「美しい-汚い」など，誌面のデザインに対する印象を表現する形容詞から構成されていることから「審美性因子」と命名した．（略）．

（使用した分析方法，分析にかけた指標，分析の結果．）
（因子の命名．）

横小見出し → 分析2：印象の類似度（クラスター分析）　因子分析により抽出された「審美性因子」，「個性因子」の2つの軸に基づいて刺激を分類するため，各因子の因子得点を用いてウォード法平方ユークリッド距離によるクラスター分析を行った．その結果として得られたデンドログラムを基に，15個の刺激を4つのクラスターに分類した（図1）．（略）

（分析の目的と分析方法，指標．）

各クラスターの印象を比較するため，クラスターを要因とした1要因4水準（クラスター：1〜4）の分散分析を行った．その結果，審美性因子においては，クラスター間に0.1%水準で有意な差があることが認められ（$F_{(3,1196)}=7.511$, $p<.001$），Tukey法による多重比較では，クラスター2とクラスター4の間に有意な差が見られた．（略）

（分析結果を利用してさらに分析．）

横小見出し → 分析3：見やすさや好みの分析（重回帰分析）　見やすさ，好みについては標準化を行ったそれぞれの評価点を従属変数，

> 各因子の因子得点を独立変数として重回帰分析を行った．その結果，見やすさにおいて $Y_1 = .000 + .684 \times$ 審美性因子得点 $- .016 \times$ 個性因子得点 $(R^2 = .523)$，（略）

　ここではまず雑誌デザインの印象について因子分析を行い，その結果を基にさらに2つの分析を行っています．1つはクラスター分析で，印象の似たデザインがまとまるよう分類しています．もう1つは重回帰分析で，見やすさや好みといったデザインの全体的評価に，審美性と個性という印象の次元がどのようにかかわっているかを分析しています．

　分析2のクラスター分析の結果は図2.2のように表示されます．この論文では，この図の横に実際の刺激の例を載せており，それぞれのクラスターがどのような性質をもつのかイメージしやすいようになっています．

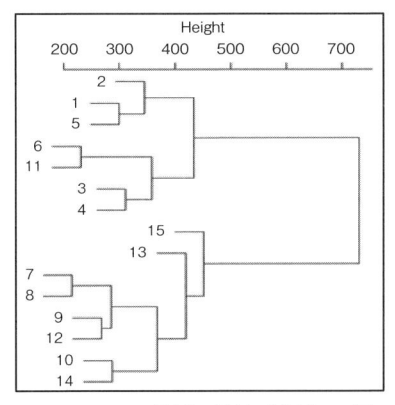

図2.2　クラスター分析の結果（事例1の図1左）

　また，分析3の重回帰分析の結果は次のような式で表わされています．
　$Y_1 = .000 + .684 (p<.001) \times$ 審美性因子得点 $- .016 (n.s.) \times$ 個性因子得点 $(R^2 = .523)$

　Y は従属変数，「.000」は定数項，「+.684」や「-.016」は偏回帰係数，「$R^2 = .523$」は決定係数を示します．ちなみに上記の式には示していませんが偏回帰係数の t 検定を参照すると，審美性因子得点の偏回帰係数は有意水準 0.1% において有意でしたが，個性因子得点の偏回帰係数は有意ではあり

42　第2章　論文の書き方

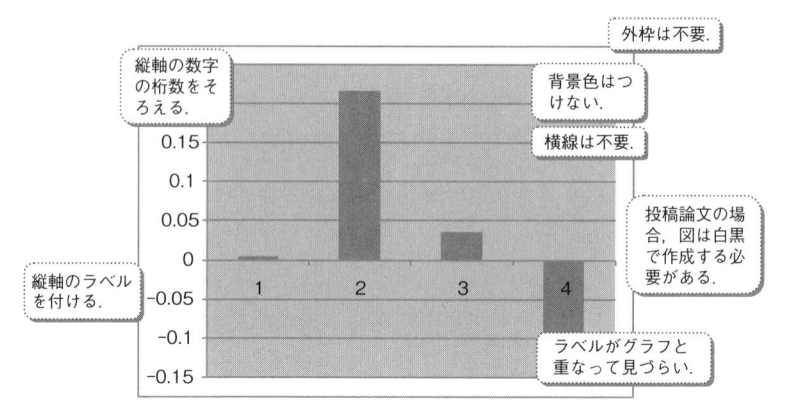

＜図2.3a の注釈＞
- 縦軸の数字の桁数をそろえる．
- 外枠は不要．
- 背景色はつけない．
- 横線は不要．
- 投稿論文の場合，図は白黒で作成する必要がある．
- 縦軸のラベルを付ける．
- ラベルがグラフと重なって見づらい．

クラスターごとの因子得点の平均値

図2.3a　よくない図の例1

クラスターごとの因子得点の平均値（Error bar: SE）

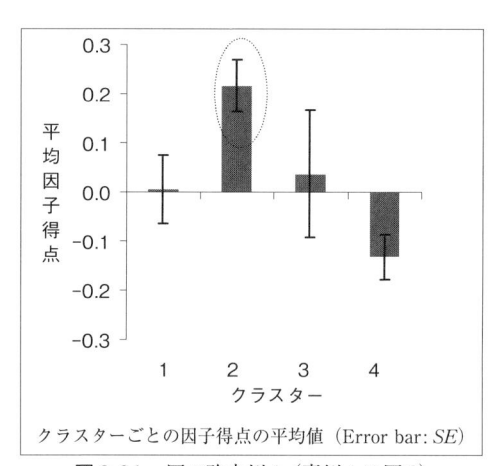

図2.3b　図の改良例1（事例1の図2）

注：楕円の囲みのように「エラーバー」を付けて，標準偏差（SD）や標準誤差（SE）を図中に示す場合も多い．エラーバーが長いほど，データのバラツキが大きい．付けるかどうかは論文の提出先の指示に従う．

ませんでした．このことは，審美性因子得点が高いと，見やすさの評価も高くなるのですが，個性因子得点は見やすさ評価に影響しないということを示しています．また，ここでは因子得点を使って重回帰分析を行っていますが，素点を使う方法もあります．詳しくは重回帰分析（p.110）を参照してくだ

表 2.1 a　よくない表の例 1

因子分析結果（回転後の因子負荷量）

	審美性	個性	共通性
好きな-嫌いな	0.841	0.204	0.749
読みやすい-読みにくい	0.773	0	0.599
美しい-汚い	0.753	0.134	0.585
親しみやすい-親しみにくい	0.739	0	0.552
上品な-下品な	0.704	0.117	0.510
まとまった-散漫な	-0.605	0.374	0.506
個性的な-ありきたりな	0	0.745	0.556
変化のある-単調な	0	0.712	0.507
おもしろい-つまらない	0.337	0.71	0.617

（注記）
- 縦の罫線は不要．
- 各因子に高い負荷量を示す項目に記をつけないとわかりにくい．
- 小数点以下の桁数をそろえる．
- 1 以下の場合は少数点の前の 0 を省略する．
- 全体的に罫線が多すぎる．

表 2.1 b　表の改良例 1（事例 1 の表 1）

因子分析結果（回転後の因子負荷量）

	審美性	個性	共通性
審美性			
好きな-嫌いな	.841	.204	.749
読みやすい-読みにくい	.773	.000	.599
美しい-汚い	.753	.134	.585
親しみやすい-親しみにくい	.739	.000	.552
上品な-下品な	.704	.117	.510
散漫な-まとまった	-.605	.374	.506
個性			
個性的な-ありきたりな	.000	.745	.556
変化のある-単調な	.000	.712	.507
おもしろい-つまらない	.337	.710	.617

さい．

　図や表を使用する際は図のタイトルは図の下，表のタイトルは表の上に記載します．図と表にはそれぞれ通し番号を付けます．図表の作成例として，よくない例を図 2.3 a と表 2.1 a，改良した例を図 2.3 b と表 2.1 b にそれぞれ示しています．たとえば，エクセルを使用してデフォルトで作成された図をそのまま貼り付けているものがありますが，たいていの場合は，論文の図としてはあまりよいものではありません．論文の理解を促すようなわかりや

すい図を作ることを心がけましょう．

考察・結論

　書くべき内容としては，実験や調査の結果の要約，得られた結果の評価，論文の意義，得られた成果の応用や今後の課題などがあります．研究の目的や仮説と考察を対応させて書きましょう．ここでは1つの論文の中で2つの研究を行っていますので，個々の実験の考察はそれぞれの結果の解釈などを書き，最後に総合考察として，複数の実験や調査をまとめて全体として言えることを書きます．実験Ⅰの考察を以下に示します．

考察

　印象評定の結果より，クラスター2に含まれる刺激が読みやすく好ましいと感じられていたことがわかる．また，見やすさと好みの評価の結果と刺激を照らし合わせると，見やすいデザインの特徴としては，「写真及びレシピの数が少ない」ということがあげられる．視覚的な情報量が少ないものの方がすっきりと見やすい印象を与える傾向がある．また，重回帰分析の結果から，見やすさ評価には審美性因子のみが影響しているということがわかったため，見やすく好まれるレイアウトを作成するためには，審美性因子を構成する「美しい」，「親しみやすい」，「上品な」といった印象を強く与えるような誌面デザインを目標とする必要があると考えられる．見やすいデザインと好まれるデザインの間には強い正の相関関係が見られ，見やすいデザインほど好まれることが示された．

　次に，実験ⅠとⅡを通しての総合考察を以下に示します．総合考察では，実験ごとの考察とは違い，行った調査や実験を概観しての結論を示し，結果の解釈や今後の展望などについて述べます．

2.3 論文の解説　45

研究Ⅰの結果のまとめと先行研究の引用．
> 　本研究では，SD法による印象評価および視線計測を通して，見やすいデザインと好まれるデザインの分析を行った．
> 　まず，料理雑誌の誌面に対する印象は，「好きな−嫌いな」「読みやすい−読みにくい」「美しい−汚い」などの形容詞に代表される視覚的な美感や快・不快に関わる審美性因子と，「個性的な−ありきたりな」「変化のある−単調な」「おもしろい−つまらない」などの形容詞に代表される興味や覚醒度に関わる個性因子とで構成されることが分かった．Norman (2004) も，魅力的なデザインには情動の関与が重要であると述べている．（略）
> 　視線計測調査からは，（略）視線のスタート地点である左上に配置する写真の選び方は，誌面構成の際に，最も重要視すべき要素であると考えられる．また，「写真と文字を囲んだ範囲の外に他の要素を置かない」という改善点が多く挙げられていた．

結果に基づくデザインの提案．
> 　そこで，上記の結果と，刺激に対する改善点として多く挙げられた「写真を重ねない」という意見を実際に取り入れ，本研究から見出された最も理想的な誌面デザインを例示する（図6）．料理雑誌として，多数のレシピを並列させる誌面づくりの場合は，特に主張したいレシピを上または左に置くべきであると考えられる．以上の事項を考慮することにより，見やすく好印象を与えるレイアウトを作成することが可能になると言えるだろう．

結論を明確に示す．
> 　結果を総合すると，デザインの見やすさと好みには強い相関があること，好まれるレイアウトと好まれないレイアウトでは視線の動きのパターンが異なることなどが示された．雑誌とウェブそれぞれの特性を考慮することにより，より見やすく好まれるデザインを提案できると考えられる．

参考文献

　論文中で引用した文献の出典を明記することは，自分の考えを裏付ける文献やデータの出所を公表するという意味で非常に重要なことです．出典を明

記しないと，盗用として扱われてしまいます．本文中で引用した文献はすべて参考文献リストに記載しましょう．参考文献の記載は著者名のアルファベット順とし，文献番号はつけません．いくつかの例を以下に記載します．

引用文献

日本語論文　▶張善俊・吉野和芳 (2009)．視線追跡装置を用いたチェンジブラインドネスの研究　*Science Journal of Kanagawa University*, 20, 39-43.

ウェブサイト　▶Jakob, N. (2006). http://www.usability.gr.jp/alertbox/20060417_reading_pattern.html（奥泉直子（訳）軌跡は"F"を描く U-site.（2010年12月13日））

日本語論文　▶桐谷佳恵・織田万波・玉垣庸一 (2010)．無意味綴りを用いたレイアウト評価の提案——第一印象としての「読みやすさ」評価に関して　デザイン学研究, 56, 19-26.

日本語書籍　▶永野賢・高橋太郎・渡辺友左 (1964)．国立国語研究所報告24　横組の字形に関する研究　国立国語研究所．

翻訳書　▶Norman, D. A. (2004). *Emotional Design: Why We Love (Or Hate) Everyday Things*. Basic Books.（ノーマン，D. A., 岡本明・安村通晃・伊賀聡一郎・上野晶子（訳）(2004)．エモーショナル・デザイン——微笑を誘うモノたちのために　新曜社）

学会発表　▶竹中毅・新村猛・石垣司・本村陽一 (2010)．外食産業におけるサービス工学の実践　第24回人工知能学会全国大会．3J1-NFC1a-3.

英語論文　▶Reber, R., Schwarz, N., & Winkielman, P. (2004). Processing fluency and aesthetic pleasure: Is beauty in the perceiver's processing experience? *Personality and Social Psychology Review*, 8, 364-382.

2.3.2　事例2：自意識と体型認知の関係性
　　　　　——シルエット画像を用いた検討

　この論文は，2つの研究から構成されています．1つ目の研究では体型の

印象や理想体型などについて質問紙調査を行い，2つ目の研究ではVisual Basicによる実験プログラムを使用して実験を行いました．本項では，この論文の組み立て方と，1つの論文に研究が2つ含まれる場合の章立ての方法について，背景から順に解説します．

研究背景と目的

　背景には，論文のテーマに関して，これまで行われてきた研究のまとめと，自分が行った研究の必要性，目的や仮説などを記述します（p. 36も参照）．この論文では以下のような構成になっています．

中央大見出し → 背景

一般的な事象から書き始め，先行研究を紹介．
> 近年，特に青年期の女性において，強い痩身願望が過剰なダイエットを引き起こすことが問題となっている．痩身願望に関する研究の多くは，ボディ・イメージの枠組みの中で行われてきた．（略）青年期の女性は男性よりもネガティブなボディ・イメージを持ち（Tiggemann, 1994），自分の体型を実際の体型よりも太く知覚することが指摘されている（e.g., Fallon & Rozin, 1985）．

従来の研究に不足している点を述べ，自分の研究の問題意識（テーマ）を記述．
> これまで，シルエット画像を用いたボディ・イメージ研究について，自分自身の現在の体型や理想の体型を選択させる研究は数多く行われてきたが，痩せた体型や太った体型の画像から形成される性格印象の違いについて詳細に検討した研究報告は少ない．よって本研究では，体型を段階的に操作したシルエット画像を用いて，体型が与える性格印象について検討することを目的とした．先行研究より，女性の方が男性よりも自分の体型を太く知覚し，体型画像に対しても，太った画像のイメージをよりネガティブに評価するのではないかと考えた．（略）

仮説を記述．

論文の構成を記述．
> 本研究の構成は以下のとおりである．実験Iではシルエット画像からイメージされる性格印象の評価および自意識尺度への回答を行った．実験IIでは被験者自身の体型や理想体型の認知について，調整法により検討した．

事例1と同様，一般的な事象をもとに問題提起を行い，具体的な先行研究の紹介に移っています（p.36-37 参照）．本書では論文を短くまとめるにあたり省略しましたが，実際の卒論ではテーマと関連する先行研究をもっと多く取り上げて研究の流れを整理します．次に，これまでの先行研究でわかった点とわかっていない点をまとめ，自分の研究の問題提起と仮説につなげています．その後，背景の最後に論文の構成についてまとめています．ここで構成を示すことで，読者の理解を助けることになります．

先行研究の引用の仕方については事例1（p.37）を参照してください．要点を押さえて正確に引用しましょう．

方法

できる限り詳細に，行った調査や実験の方法を記述します．以下にこの論文の抜粋を示します．

中央大見出し	実験Ⅰ：シルエット画像に対する性格印象評価
実験Ⅰの目的や内容を記載．簡単に研究背景を入れることも．	シルエット画像からイメージされる性格印象を検討するとともに，評価者の自意識の高低と体型認知の関係性を検討することを目的とした．自意識は私的自意識と公的自意識から構成される．それぞれが体型画像から形成される印象に影響するかを検討した．
横大見出し	方法
横小見出し	実験参加者　首都圏在住の大学生および大学院生 158 名（男性 82 名・女性 76 名）が実験に参加した．平均年齢は 20.9 歳（$SD = 1.5$）であった．
どういった基準で刺激を作成したかを記述．予備調査については別の章にすることもある．	刺激　先行研究（Fallon & Rozin, 1985; Thompson & Gray, 1995）を基に，5 段階（非常に痩せた・痩せた・標準・太った・非常に太った）で操作したシルエット画像を作成した（画像については，大学生 30 名が参加した予備調査により，体型を非常に痩せた体型から非常に太った体型まで段階的に変化させる操作が成功したことを確認した）．

他の人が論文を読んで同じ実験や調査を行うことができるように，正確に

丁寧に書きます．書くべき内容は，事例1（p.38-39）を参照してください．

　質問紙調査の場合は，必ずしもすべての項目を方法のところで述べる必要はありません．ここでは印象評価の形容詞対については「手続き」に示していますが，自意識尺度の項目については「結果」の表を参照してもらうようにしています．本文中に示すと冗長になってしまうためです．

結果

　実験や調査の結果を，図表を用いながら記述します．この論文では，分析1から3に分けて記述しています．このように，分析の内容によって分けて書くことで，結果が整理され読みやすくなります．

横大見出し → 結果

横小見出し → 分析1：シルエット画像の印象

分析の手法と指標，分析結果の記述．

　印象評定値に対して因子分析（最尤法・プロマックス回転）を行った．その結果2因子が抽出され，因子に含まれる形容詞から判断して「内面魅力因子」「外見魅力因子」と命名した（表1）．因子間の相関は－.206であった．

分析結果を利用してさらに分析．

　次に，体型による印象の違いが統計的に意味のあるものかを確認するため，（略）分散分析を行った．（略）刺激ごと，評価者の性別ごとに因子得点を算出し，各因子について，2（評価者性別：男・女）×2（刺激性別：男・女）×5（体型操作：非常に痩せている～非常に太っている）の3要因分散分析を行った（表2）．

　まず，外見魅力因子については，刺激性別要因（$F_{(1,156)}=26.699$, $p<.001$）（略）においてそれぞれ主効果が見られた．また，評価者性別×刺激性別（$F_{(1,156)}=5.702$, $p<.05$），（略）の交互作用もそれぞれ有意であった．（略）

有意差があったところについてさらに記述．

　評価者の性別による差がみられたのは非常に太った男性（$p<.05$），非常に太った女性（$p<.001$）に対する印象であった．女性評価者は男性評価者に比べ，非常に太った男性をよりネガティブに評価し，痩せた女性と非常に太った女性に対してはよりポジティブに評価した．

分析ごとに，使用した分析方法や，分析対象とした指標について説明します．何のためにその分析を行っているのかを説明しながら書くとわかりやすくなります．

上の例では，分散分析の結果について，文章での記述とともに「$F_{(1,156)}$ = 26.699, $p<.001$」のように統計値を示しています．F や p などの統計記号はイタリック体（斜体）で書きます．F の後の (1,156) は自由度，その次の 26.699 は F 値を示します．次に有意水準を示します．この場合は $p<.001$ なので，0.1% 水準で有意であったことを示しています．統計記号などの意味は 4.3 節「統計的検定」を参照してください．また，結果を記述する際は，「有意差があった・なかった」だけでなく，どこにどのような差があったのかもきちんと記述しましょう．

図や表を使用する際は図のタイトルは図の下，表のタイトルは表の上に記載します．図と表にはそれぞれ通し番号を付けます．図表の作成例を示します．

よくない例を図 2.4 a と表 2.2 a，改良した例を図 2.4 b と表 2.2 b にそれぞれ示しています．

考察・結論

事例 1 と同様，実験や調査の結果の要約，得られた結果の評価，論文の意義，得られた成果の応用や今後の課題などを書きますが，研究の目的や仮説と考察を対応させると良いでしょう．この論文では仮説を立てていますので，実験で得られたデータから，どの程度，仮説検証がなされたといえるかについても記述します．

ここでは 1 つの論文の中で 2 つの研究を行っていますので，個々の実験の考察はそれぞれの結果の解釈などを書き，最後に総合考察として，複数の実験や調査をまとめて全体としていえることを書きます．実験 I の考察の最後に，実験 I のまとめと実験 II へのつなぎの文章を入れています．実験 I の考察を以下に示します．

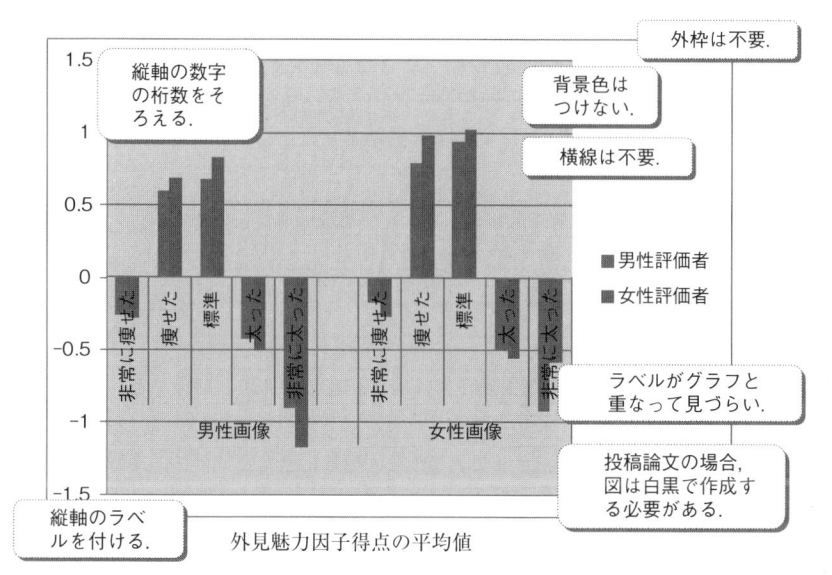

2.3 論文の解説　51

縦軸の数字の桁数をそろえる．

背景色はつけない．

外枠は不要．

横線は不要．

■男性評価者
■女性評価者

ラベルがグラフと重なって見づらい．

投稿論文の場合，図は白黒で作成する必要がある．

縦軸のラベルを付ける．

外見魅力因子得点の平均値

図 2.4 a　よくない図の例 2

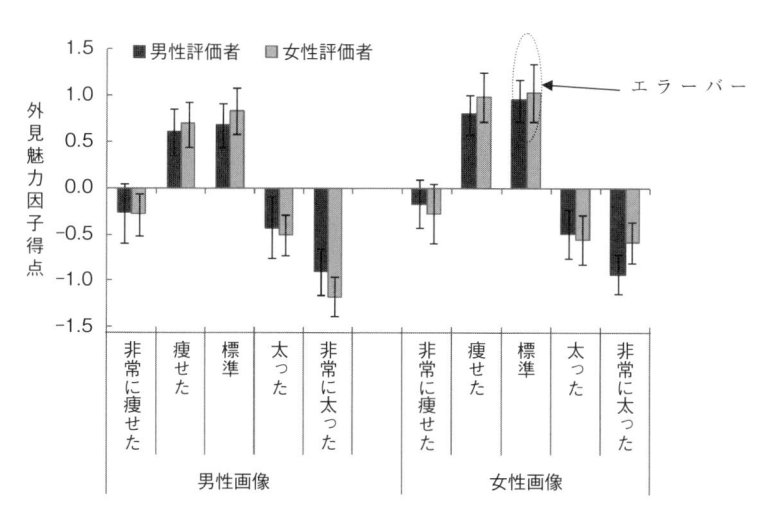

外見魅力因子得点

■男性評価者　■女性評価者

エラーバー

非常に痩せた　痩せた　標準　太った　非常に太った　非常に痩せた　痩せた　標準　太った　非常に太った

男性画像　　　　　　　　　　女性画像

外見魅力因子得点の平均値（Error bar: *SE*）

図 2.4 b　図の改良例 2

表 2.2 a　よくない表の例 2

内面魅力因子得点の平均値（M）および標準偏差（SD）

		内面魅力因子得点			
		男性評価者		女性評価者	
		M	SD	M	SD
男性刺激	非常に痩せた	-1.35	0.763	-1.37	0.738
	痩せた	-0.09	0.737	-0.07	0.845
	標準	0.548	0.573	0.73	0.545
	太った	0.486	0.765	0.517	0.74
	非常に太った	0.47	1.001	0.355	0.966
女性刺激	非常に痩せた	-1.21	0.828	-1.46	0.781
	痩せた	0.029	0.828	0.102	0.766
	標準	0.719	0.531	0.873	0.599
	太った	0.215	0.781	0.295	0.761
	非常に太った	0.134	1.035	0.091	0.884

（吹き出し）
- 項目は基本的に左揃えが望ましい．
- 小数点以下の桁数をそろえる．
- 縦の罫線は不要．
- 1 未満の場合は小数点の前の 0 を省略する．
- 全体的に罫線が多すぎる．

表 2.2 b　表の改良例 2（事例 2 の表 2 左）

内面魅力因子得点の平均値（*M*）および標準偏差（*SD*）

	内面魅力因子得点			
	男性評価者		女性評価者	
	M	*SD*	*M*	*SD*
男性刺激				
非常に痩せた	-1.348	.763	-1.370	.738
痩せた	-.094	.737	-.071	.845
標準	.548	.573	.730	.545
太った	.486	.765	.517	.740
非常に太った	.470	1.001	.355	.966
女性刺激				
非常に痩せた	-1.213	.828	-1.464	.781
痩せた	.029	.828	.102	.766
標準	.719	.531	.873	.599
太った	.215	.781	.295	.761
非常に太った	.134	1.035	.091	.884

	考察
体型印象の分析結果.	まず,シルエット画像に対する印象について分析を行った結果,画像から感じる印象が評価者の性別によって異なるのは外見魅力に関する印象(略)のみであり,内面魅力に関する印象(略)は男女で共通していた.
今回得られた結果と先行研究の比較①.	自意識尺度に対して因子分析を行ったところ,2因子が抽出された.先行研究では,自意識は私的自意識と公的自意識から構成されるとされている(菅原,1984)が,本研究でもそれと対応する因子構造が得られた.(略)
今回得られた結果と先行研究の比較②.	最後に,現在の体型と理想の体型として選択されたシルエット画像より,女性の方が痩身願望が強いことが確認された.Tiggemann(1994)によれば,女性は自分の身体に対する満足度が低く,(略)ことが指摘されている.
実験Ⅰのまとめと実験Ⅱへのつなぎ.	実験Ⅰではシルエット画像に対して印象判断と体型判断を行ったが,自分自身の体型をどう認知しているかについてより直接的に検討するために,実験Ⅱでは,実験参加者自身の全身画像を用いて,自分の体型や他の対象物のサイズを正確に認知できているかどうかを検討した.

　総合考察の構成については,内容を初め・中間・終わりの3つに分けて整理すると,すっきりします.初めには主な結果や,仮説が支持されたかどうかを記述します.中間では得られた結果について,先行研究と比較して結果の妥当性や意義,研究の限界などを論じます.終わりに,結果をどこまで一般化できるかや,今後の応用などについて記述して締めます.少し高い視点から,自分の研究のアピールポイントを書くつもりでまとめましょう.最後に「結論」を書きます.なるべく箇条書きにはせず,文章で簡潔に目的や主な結果をまとめます.

総合考察

［結果のまとめと先行研究との比較．］ 本研究では，全体を通して，女性は男性に比べて痩身願望が非常に強いことがわかった．この結果は，これまでの研究（e.g., Fallon & Rozin, 1985）と同様の結果であった．

［結果の解釈．］ シルエット画像に対する印象評価については，外見魅力因子と内面魅力因子が抽出された．外見魅力・内面魅力ともに高く評価されたのは標準体型であった．女性の70％は理想体型として痩せた体型を選択したにもかかわらず，痩せた体型よりも，標準体型の方が外見魅力因子・内面魅力因子共に高い評価を得たという結果には矛盾が生じている．その原因の1つとして，女性は標準体型が最も良いことは理解しているが，例えばテレビや雑誌などの痩せを賞賛するメディアの影響などを受け，痩せた体型になりたいと感じていることが考えられる．

［仮説について．］ これまでの研究で，痩身願望において男女差が報告されているため，さまざまな体型に対する魅力の認知においても男女差が見られるのではないかと推測した．本研究では，シルエットから判断される外見魅力には有意な男女差が存在するが，内面魅力は男女差が存在せず，共通していることが示唆された．（略）

［今回の研究で得られた知見の新規性と重要性をアピール．］ これまでの研究で，女性は自分を太っていると感じるという誤った認識があるためにダイエットに取り組むと考えられてきたが，本研究では，（略）

［研究の総括と社会への貢献．］ 特に青年期の女性は，美しさの社会・文化的基準から大きく影響を受け，自己の体型に対してネガティブな主観的評価を下すようになり，その結果として痩せ願望が強くなっていき，摂食障害などの問題を引き起こす可能性がある．よって，メディアなどから得られる情報への依存度を低減させ，自分自身の美的価値観を確立させることが過剰な痩せ願望を防止することにつながると期待できる．

参考文献

　参考文献についての書き方，注意点は事例1と同様です．

英語論文	→ Fallon, A. E., & Rozin, P. (1985). Sex differences in perceptions of desirable body shape. *Journal of Abnormal Psychology*, **94**, 102-105.
日本語論文	→ 菅原健介 (1984). 自意識尺度 (Self-consciousness scale) 日本語版作成の試み　心理学研究, **55**, 184-188.
英語論文	→ Thompson, M. A., & Gray, J. J. (1995). Development and validation of a new body image assessment scale. *Journal of Personality Assessment*, **64**, 258-269.（略）

第3章

研究手法の紹介
感性認知科学研究の手法

　心理学の論文を書くためには，何らかの手段でデータを得る必要があります．この章では，心理学の研究手法の中でも，特に感性認知科学の分野でよく使用される研究手法について紹介します．研究テーマを決めたり，実際にどのようにアプローチしていくかを考える際の参考にしてみてください．

3.1 刺激について

テーマが決まったら，その研究目的を最も的確に追究できるような刺激を選定します．心理学や認知科学の実験において，何らかの心理的・生理的反応を起こさせる対象を「刺激」と呼びます．研究を行うに当たっては，目的にあった刺激の選別・設定が重要です．たとえば，事例2の論文では5種類のシルエット画像がそれにあたります．

刺激はできる限り1つの要素だけを変化させ，他は統一することが望まれます．そうすると，実験の結果から得られた差が，その要素（条件）が原因であると特定されるからです．このように用いる刺激の要素を絞り込んでいくことを**条件統制**と言います．この条件統制がうまくできずに複数の要因が関係していると，その結果が一体どの要因によるものか特定できない状態，すなわち**交絡効果**を生み出すことになってしまいます．

この世の中で生じている現象の多くは，さまざまな要素が複雑に関係しています．そのような条件を1つずつ統制して検討することは時間的にも不可能に近く，またどのような条件に絞り込んだら良いかも迷うところです．そのようなときに，非常に有益な手掛かりとなるのが先行研究です．先行研究を調べてみると，すでに同じようなテーマを別の要素に焦点を当てて研究している場合があります．前もって調べてその知見を利用し，まだ着手されていない要素が何であるかを知った上で，要素を絞り込んで追究することは，研究の新規性を高める上でも重要です．また，そのテーマの研究が行われていない理由として，行う意義がないためという可能性もあります．研究の流れを理解した上で適切にターゲットを絞り込むためにも，先行研究を調べることは大切です．

次に，刺激の選定や作成時に気をつけたいことがあります．すなわち同じ研究を別の人が実施しようとしたときに，同様に繰り返せること（**再現性**）

です．そのためにも，刺激の物理的特性を明らかにしておく必要があります．これらは結果の信頼性や普遍性を担保するためにも重要な作業と言えます．

たとえば，単に「色を刺激とする」とだけ記述するのではなく，物理的連続量である色の特性を明記する必要があります．「赤」や「青」などではなく，何らかの表色系（色を表示する体系）の記号（マンセル値や $L^*a^*b^*$ 値など）で示すのが一般的です．

また，たくさんの刺激を使って多くのことを知りたいという気持ちはわかりますが，実験参加者の負担や実験にかかる時間を考慮し，疲労や惰性などで本来の結果が得られなくならないようにしなければなりません．刺激が多い場合には休憩を設け，刺激数を分けて複数回にわたって実験を行うなどの配慮をする必要があります．

感性認知科学研究では顔認知が研究テーマとなることがありますが，このときに気をつけなければならないのが肖像権や個人情報との関係です．顔画像をそのまま使用することができない場合や，他の人の顔画像と合成をしたい場合などに，便利な加工の方法としてモーフィングという手法があります．詳しくはこの後に続くモーフィングのコラム（p.59）を参照してください．

さらに刺激提示の仕方によっても，結果が左右される場合がありますので，実験目的に従って適切に提示してください．その他，刺激に対する潜在的な反応を計測したり，厳密な時間統制を行うためにタキストスコープという機器を使うことがあります．これは瞬間的に露出された閾値以下レベルの刺激を提示することも可能な装置です．詳しくはタキストスコープのコラム（p.60）を参照してください．

コラム　モーフィング

　モーフィング（morphing）とはコンピュータグラフィックスの手法の1つですが，知覚心理学や認知科学の研究では，ある刺激（たとえば顔画像A）と別の刺激（他の顔画像B）を合成して平均的な新たな刺激（両者が平均され合成された「誰でもない顔画像」）に変形させる方法として活用することがあります．また，ある画像から他の画像へ自然に変形していく流れを動画として見せることも可能です．たとえば，笑顔，真顔，怒り顔の画像を用意しておいて，モーフィングによってその中間の画像を静止画として作り

出すこともできますが，笑った顔から真顔になって怒った顔へと移行していく表情変化の動画を作り出すことも可能です．著者らの研究室では人物の顔画像を用いた研究で，個人を特定できないようにする工夫が必要なため，モーフィングの技法を用いて誰でもない顔画像を作成した後に加工を行っています．

たとえば肌の色と性別認知の関係性を探る実験を実施した際には，複数の男性と複数の女性の顔画像をモーフィングで合成し，両者が平均化された「中性顔」を作成した後に，肌の色を色白から色黒まで加工し，性別が判断される際の肌色の影響を検討しました．顔画像の場合はモーフィングする刺激数が多ければ多いほど，中に含まれている合成された要素が特定しにくくなるのは言うまでもありません．またモーフィングで加工した後の画像は，キメが細かくなり，個人のもつ顔の形状のゆがみが相殺されて左右対称の形状になる影響からか，概して美人・美男子に感じられるという報告もあります．

―― コラム　タキストスコープ ――

タキストスコープ（tachistoscope）とは瞬間露出器とも言われる機器で，100分の1秒や1000分の1秒といった極めて短い時間単位で，色や図形や文字などの刺激を提示できる装置です．認知科学の研究領域では，私たちの刺激に対する潜在的な反応を検討するなどのために使用することがあります．たとえば，学習，注意，視覚探索，弁別課題，閾下知覚，閾下プライミングなどの課題に使用したり，そのようなタスクと反応時間に関して反応キーユニットを活用して測定・計測を行い正答率との関連を調べたりすることもできます．さらに視線計測機器などと組み合わせると，モニター画面上の刺激に対するタスク時の眼球運動のみならず，瞬時に視線が停留した場所や時間などの測定も可能になり，解析に深みが増します．

一般的に，タキストスコープというと，視覚刺激を提示する装置を指しますが，視聴覚刺激高速提示装置としてのAVタキストスコープは，視覚刺激だけでなく，聴覚刺激を同時に提示することもできる装置なので，音声メッセージを加えることも可能です．またこの装置を使用すれば音刺激に対する閾下知覚研究など，感性に対する研究や応用の幅が広がります．最近ではこのような視聴覚刺激の制御を，ソフトウェア等で行うこともできるので，大がかりな装置ではなくPCを使用した研究も増えています．

3.2 データの採取方法

　使用する刺激を検討するのと同時に，考えなければならないことはデータの採取方法です．感性認知科学の研究では，大きく分けて生理データと心理データの2種類を扱うことがありますので，両者に関してどのような研究方法があるかを紹介します．

3.2.1　生理データ

　刺激に対する心理的な反応を，生理指標をもとに解釈する研究アプローチがあります．生理データの特徴と利点は実験参加者が意図的に生理的な反応をコントロールすることが難しいという点です．つまり，意図的に反応を変えることができないため，自動的・無意識的な反応を捉えることができます．感性認知科学の研究では，たとえば生体の脳波といった中枢神経系の指標や，心拍，瞳孔の動きなどの自律神経系の指標，そしてストレス指標としての唾液マーカーといった内分泌系の指標から得られるデータなどが使用されます．以下に代表的なものを紹介します．

脳波

　人や動物の脳では電気活動が生じています．脳の中枢にある視床や脳幹部の活動による大脳皮質の電位変化を，主に頭皮上に置いた電極を用いて記録したものが脳波（Electroencephalogram：EEG）と呼ばれるものです．1929年にHans Bergerによってその電位変動が初めて記録されて以来，医学，生理学，心理学，工学領域で広く用いられています．測定は脳波計という装置を用いて行います．一般的には国際１０／２０法（テントゥエンティー）に従って頭皮上に電極を取り付けますが，その電極が脳から発生する電気信号をとらえ，増幅して表示されます．

　脳波は周波数によって大きく4種類に分類されます．たとえばリラックスしているとα波が出ているなどとよく言われますが，α波は安静・閉眼状態において主に後頭部を中心にして出現する8-13 Hzの脳波です．α波より周波数の低い（周期の長い）波，すなわちδ波（4 Hz未満）およびθ波（4-7

Hz）を徐波，α波より周波数の高い（周期の短い）波，すなわちβ波（14 Hz以上）を速波と呼びます．多くの場合α波は目を閉じてリラックスすると出現し，注意・緊張・興奮で抑制される傾向にあります．一方，精神活動中にはβ波の含有率が上昇すると言われています．

　脳波以外の電位変動はアーチファクトと言われますが，たとえば，体の動きに加えて筋電図や心電図，眼球の動きや入れ歯などでもアーチファクトが生じますので有効データとそれらのアーチファクトを注意して区別する必要があります．

　また集中時や期待に関連するものとして，集中度の評価などによく用いられる随伴陰性変動（Contingent Negative Variation: CNV）は，光・音などの刺激などに応じて生じる脳の電気活動電位を示した事象関連電位（event-related potential: ERP）と呼ばれるものの1つです．具体的には，実験参加者に光や音などの刺激を一対にして一定の間隔で与え，第2刺激に対して「ボタン押し」などの作業を求めます．このような予期的反応時間課題を行ったときに見られる第1刺激と第2刺激の間の変動を指標とします．事象関連電位は，精神活動に関係のあるものを示すことが多いため，認知科学の研究でもよく用いられる指標の1つです．感性認知科学の研究では，香り・色・音といった刺激が提示されるときと提示されないときの集中の度合いを測るなど，応用の範囲は幅広いと考えられます．

　脳血流の動態を測定する方法には脳波のように神経細胞の電気的な活動を観察する方法もありますが，このほかにも著者らの研究室では機能的磁気共鳴画像法（functional Magnetic Resonance Imaging: fMRI）や近赤外線分光法（Near-Infrared Spectroscopy: NIRS）を用いて刺激に対する脳内の活性部位を特定したり，反応の時系列変化を分析するような研究も行われています．ここではこれらの装置に関して詳細な説明はしませんが，たとえばある色彩と香りが「調和している」と実験参加者が感じたときの脳の活性部位を調べるなど，さまざまな感性研究のテーマに応用できます．

視線計測

　眼球における瞳孔の拡大・縮小が，単なる対光反応だけでなく，ときとして興味や関心といった心理的反応としても表出されることは，かなり昔から

知られています．目は心の鏡とも言われますが，瞳孔径のみならず，視線測定や眼球運動の研究も高次認知処理の指標として着目されており，その研究は19世紀末から行われていたと考えられています．最初の研究の対象は文字が主なものでしたが，1950年代以降は画像や空間などにも対象が広がっていきました．その結果，心理学，生理学，医学，教育学，スポーツ科学など，活用範囲は拡大しています．

視線測定の方法にはいくつかありますが，眼球に近赤外線の点光源を照射し，角膜表面における反射光をカメラで撮影して視線を算出する「角膜反射法」と言われる方法が多く使われています．事例1の論文で使用した視線計測システムのアイマークレコーダー（Eye Mark Recorder: EMR）もこの測定方法によるものです．この論文では，料理雑誌において，実験参加者がどこをどのくらいの時間，注視していたかを測定するためにEMRを使用していました．私たちは意識的にも無意識的にもさまざまなところを注視し，視線を停留させ，視覚情報を取得しています．そのような行為を可視化し，計測可能にする視線計測システムとして開発された機器は，EMR以外にも国内外でいくつか見られます．

角膜反射法を用いた視線測定装置は，接触型とも言われる頭部装着型と，非接触型とも言われる卓上型の2種類があります．接触型は頭部にカメラがついていて，光源等を固定する形式の視線測定装置ですが，範囲は限定されるものの動きまわれる自由さがあります．また非接触型はディスプレイ等のどこを見ているのかを測定できます．装置とディスプレイとの位置が固定されるので，視線データからディスプレイ上のどの箇所を見ているのかを決定する仕組みになっています．

感性認知科学の研究では，事例1の論文のように雑誌のどこを注視し，どのように視線が動いていたかを計測するといった実験もできますが，それ以外にも，インテリア空間，ポスター，Web画面等において着目される場所や視線の流れを特定することや，多くの商品の中でどれが目立ち，何を選択するかといった商品の誘目性（目立ちやすさ）や人々の購買行動を調べるような実験にも活用できます．また自動車の運転経験の長さの違いによる視線の動きの差異を検討するといった人間工学的な研究や，スポーツのプロとアマチュアの視線の違いを検討するなど，多様な研究分野において高次の認知

処理を検討する方法の1つと言えます.

ストレスを測る唾液マーカー

　私たちの体の状態は血液や尿などのサンプルを指標として知ることができることは，病院などの検査で皆さんも一度は経験してご存知のことと思います．つまり，これらのサンプルに含まれる化学物質の濃度によって生体の状態を読み取っているわけです．これらの生理指標の中に唾液から読み取れるものもあります．唾液に含まれる情報はたくさんありますが，特に交感神経系や内分泌系に関与する情報の中でストレスのマーカーとして使用できるものがあります．認知科学の研究では，脳波（Electroencephalogram: EEG）や血圧・心拍数・心電図（Electrocardiogram: ECG）などの中枢神経系や自律神経系の計測も行いますが，それと同時に，ストレスに関する生体情報を私たちの唾液に含まれる化学物質の濃度を読み取ることにより，生体反応としての検討も行います.

　唾液マーカーの中には，コルチゾールといった昔から用いられているものの他にも，近年注目されている物質にクロモグラニン A（Chromo granin A: CgA）と唾液アミラーゼといったものがあります．CgA は副腎髄質クロム親和性細胞や交感神経から分泌されるタンパク質の一種で，精神的ストレスを反映していると言われるものです．また唾液アミラーゼは交感神経系の直接神経作用と，ノルエピネフリン作用の両方の作用で分泌されると言われるものです．最近では唾液アミラーゼ活性を分析して交感神経の活性を測れるような市販のモニターもあり，ストレスが簡便に測れるようにもなっています．いずれの場合も，唾液を採取するためにテストストリップや脱脂綿を口腔に挿入して一定時間唾液を採取した後に分析にかけます．CgA の場合は唾液サンプルを遠心分離器で分離させマイクロプレート吸光度計にて一定の波長の吸光度を測定することによってストレスのマーカーとします.

　私たちの体は刺激を受けると，その情報が感覚器を通じて中枢神経に伝達されますが，それらが交感神経系や内分泌系を通して生体に伝達されることによって生体反応がもたらされるという仕組みを，認知科学研究でも活用します．私たちの目には直接的に見えてこない反応を検討するという手法の1つとして唾液マーカーも注目されていると言えるでしょう．

3.2.2 心理データ

　私たちの目で見ることのできない「心」を測るために，心理学の研究では基本的に"刺激"に対する"反応"を見ます．上記の生理反応の他に心理的な反応を測るために多く使われるのが，質問紙によるアンケート，心理尺度，記憶課題，計算課題などから得られるデータです．質問紙やアンケートでは，実験参加者がどう思ったか，どう感じたかといったことを直接見ることができます．生理データとは対象的に，実験参加者が結果を意図的に操作することもできるので，教示などを的確に行わないと偏りのあるデータになってしまう可能性があります．また，質問紙法による自由回答などで得られたデータを効率よく整理するために，あらかじめインタビュアーの訓練などが必要な場合もあります．

　計算や記憶課題などでは，タスク（課題）における実験参加者の反応パターンの変化や学習の成果などを指標とする場合などがあります．意図的に間違えることはできますが，真剣に課題に取り組んだ場合，意図的に正解数を増やすといったことはできません．

　社会的態度を測るために心理尺度（次の「心理尺度の利用」参照）を用いた質問紙は多く使用されますが，その他にも人格（パーソナリティー）を測定するためにY-G性格検査や主要5因子性格検査（Big Five）といった人格検査，ロールシャッハ・テストなどに代表される投影法，さらに内田クレペリン精神検査といった作業検査があります．これらは田中ビネー知能検査などのような知能検査および発達検査などと共に心理検査として広く活用されています．

心理尺度の利用

　事例2の研究では，「自意識尺度」（菅原，1984）を用いていました．これは，自分の感情や考え等に注意を向けやすい傾向（私的自意識）や，自分の容姿など他者から見られる側面に意識を向けやすい傾向（公的自意識）を調べるためのものです．

　心理学では，このような，人の性格や態度などを推定し，分類するような尺度が数多く作成されています．たとえば，人の性格を分類する人格検査，社会的態度を測定するための尺度，知能検査，気分や感情などを推定するた

めの尺度などがあります．尺度は多くの場合，いくつかの下位尺度からなります．たとえば自意識尺度は，私的自意識と公的自意識に分けられ，2つの側面から個々人の自意識の高低を評価することができるようになっています．これらの下位尺度ごとに得点を集計し，どちらの得点が高いかにより個人差を表現することもできます．このような心理尺度は標準化され，測定対象（自意識など）をきちんと測定できているという妥当性が確認されているため，同じ尺度を用いた研究同士で比較を行うことができます．

　心理尺度を利用することで，事例2の研究のように，知覚や認知に性格や態度が及ぼす影響について検討することができます．心理尺度を利用した研究データの分析方法としては，たとえばある特性（例：自意識）を強くもつ人たちとその特性が弱い人たちのグループに分けて，体型認知（例：特定の体型に対する評価得点）に違いが見られるかを分散分析により比較するなどの方法が考えられます．多少乱暴かもしれませんが，自意識尺度の得点をもとに相対的に自意識の高い人たちと低い人たちにグループ分けしてしまうことで，自意識の高低により体型認知に違いがあるのかを検討することができます．

　あるいは，グループ分けをせずに，尺度得点と評定値の間の散布図を作成したり，相関係数を算出したりすることで，個人個人の尺度得点と体型認知の関係性を把握することができます．

　心理尺度を使用する上での注意点としては，まず，信頼性の高い尺度を使用する必要があります．その質問紙の中で，各項目の内容が一貫していることが確認されていれば，信頼性が高いとみてよいでしょう．妥当性も重要です．つまり，その尺度が測定したいものを実際に測定できていることも確認する必要があります．一般的に多くの研究で用いられている心理尺度は，これらの点をクリアできていると考えられます．

　また，その人の性格や考えをある程度描き出すことになるため，データの使用方法や管理方法などについて十分に説明し，同意を得ておく必要があります．人によっては人格検査や態度尺度のデータを使用することに対して抵抗を示すかもしれません．

3.3 反応の計測

心理学的な測定方法の中ではマグニチュード推定法，調整法，極限法，恒常法などの精神物理学的測定法，評定尺度法，SD法，VAS（Visual Analog Scale），一対比較法などが多く使われます．また，タキストスコープやプログラミングソフトウェア等を利用することにより，上記のような各種の判断と同時に反応時間も取得することができます（コラム「タキストスコープ」参照，p.60）．

精神物理学的測定法

「精神物理学」とは，物理量と心理量の対応関係を明らかにしようとする学問です．たとえば，照明の明るさ（輝度）を段階的に上げていっても，人が主観的に感じる明るさは一定の割合で変化するわけではありません．物理的な値（ここでは照明の輝度）と心理的な値（ここでは主観的な明るさ）の間の対応関係を調べることで，どれくらい照明を明るくすれば明るさが違って感じられるのかを予測することができます．ここで対応関係を調べるために使われるのが，精神物理学的測定法です．事例2の実験（p.14）では「調整法」という手法が使われましたが，これも精神物理学的測定法の一種です．精神物理学的測定法は，上で述べたような，物理量の変化を感じることができるかや，そこに刺激があることに気づくにはどれくらいの物理量が必要かなど，「閾値」を測定するのに使われます（前者は「弁別閾」，後者は「刺激閾」と呼ばれます）．具体的な手法は以下のとおりです．

①マグニチュード推定（Magnitude Estimation：ME）法

1つの基準となる刺激（標準刺激）を定め，これと他の刺激（比較刺激）を比較して感覚量の具体的な数値を観察者に推定させる手法（図3.1）．たとえば，基準を10としたときに，ある照明の明るさがいくつに感じられるかを数値で答えさせます．得られるデータは比率尺度．周囲の環境が変わっても常に反応が一定とは限らない，などの批判もあります．

②調整法

提示された刺激の大きさを観察者自身が連続的に変化させ，基準となる大

きさと同じになるまで調節させる手法．観察者にとって理解しやすく測定が容易ですが，観察者の意図が入ってしまうなどの問題もあります．閾値というより，主観的等価点（主観的に同じだと感じる値）の測定に向いているとされます．

③極限法

提示された刺激の大きさを実験者が段階的に変化させ，観察者の判断が変化したところで打ち切る手法．測定は容易ですが，慣れや期待などの影響が入ってしまうなどの問題もあります．

④恒常法

あらかじめ何段階かの大きさの刺激を作成しておき，それをランダムに反復提示して，そのつど判断を求める手法．刺激の値の増減が一定方向ではないため，慣れや期待による影響を除くことができますが，測定に時間がかかります．

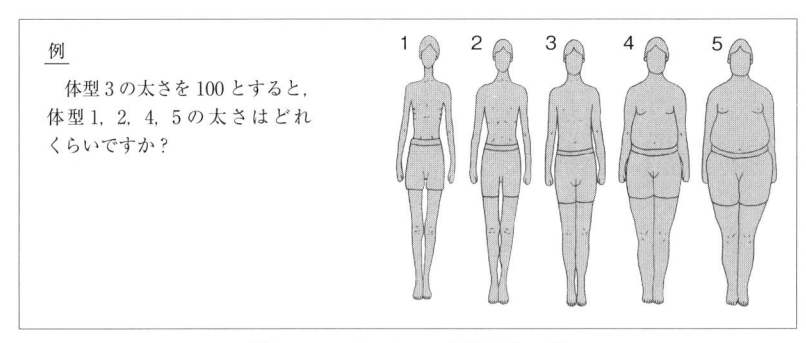

図3.1 マグニチュード推定法の例

評定尺度法

評定尺度法とは，質問項目に対して5段階や7段階などの段階でその質問がどの程度かを判断する方法です．心理学では最も基本的な手法で，いわゆるアンケート調査でよく使用されます（図3.2）．「美しい」，「使ってみたい」，「リラックスする」など，印象や感想，気分などさまざまな言葉に用いることができるため，見たい項目を直接評価できるのが特長です．ただし，項目をよく精査してから用いることが重要です．また，単極で用いる場合は，

評価項目の定義をあらかじめ行っておく必要があります．「次の刺激がどれくらい明るいと感じるか，全く明るくない (1) からとても明るい (5) までの5段階で回答してください」といった質問に対して「明るくない」という評価をされた場合であっても，必ずしも「暗い」と同義であるとは限りません．このような点を見たい場合は，次のSD法を用います．

```
例
  これから様々なレイアウトの雑誌の誌面をお見せしますので，それぞれの雑誌の誌面
を見て以下の項目に回答してください．
  1を「全くそう思わない」，5を「とてもそう思う」として当てはまる線の上に○を付
けてください．

        刺激 No.1
              1    2    3    4    5
    おもしろい ├────┼────┼────④────┤
      美しい  ├────┼────③────┼────┤
      上品な  ├────┼────┼────┼────⑤
```

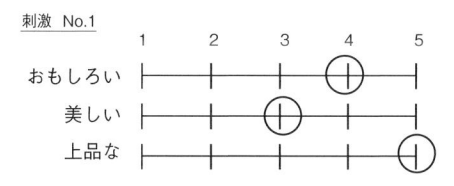

図 3.2　評定尺度法の例

SD 法

　SD 法は Semantic Differential 法の略で，日本語訳は「意味微分法」となります．評定尺度法の一種で，形容詞の対を用いるのが特徴です．もともとは，言葉の持つ情緒的意味を測定するためにアメリカの心理学者である Osgood, C. E. によって開発されました．Osgood の言う「情緒的意味 (affective meaning)」とは辞書に載っているような定義的な意味ではなく，個人がどう感じたか，どう思ったかを測定するということであるとして，それは個人の好みや感情，経験に応じて感じるものであるとされています．

　反対の意味の形容詞で評価するため，特に印象を評価する場合に適しています．多くの場合5段階，もしくは7段階で評価を行います（図 3.3）．「明るい-暗い」，「あつい-つめたい」など，意味が対になるように両極に組み合わせて提示します．上記のように，両極で印象を捉えやすい反面，対になる言葉がないものは使い難くなります．

> 例
> これから様々なレイアウトの雑誌の誌面をお見せしますので，それぞれの雑誌の誌面を見て以下の項目に回答してください．両側に反対の意味の形容詞対が並んでいます．真ん中に「どちらでもない」があり，左右に「そう思う」，「とてもそう思う」と並んでいるのでそれぞれの形容詞で当てはまる線の上に○を付けてください．
>
> 刺激 No.1
>
> | | とても そう思う 1 | そう思う 2 | どちらでもない 3 | そう思う 4 | とても そう思う 5 | |
> |---|---|---|---|---|---|---|
> | 変化のある | | ○ | | | | 単調な |
> | 個性的な | | | | ○ | | ありきたりな |
> | 好きな | | | ○ | | | 嫌いな |

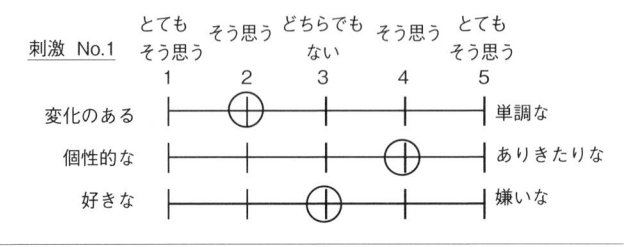

図 3.3　SD 法の例

Visual Analog Scale（VAS）

評定尺度法は実験者が 5 段階や 7 段階のように段階を決めていたのに対し，VAS は実験参加者に尺度上の好きな位置で回答させる方法です（図 3.4）．評定尺度法では見られない微妙な差異を見ることができますが，一方で実験参加者の中に明確な基準があるような質問項目を選択しないと混乱させ負担が増えてしまいます．数値への置き換えは，紙媒体の場合は定規などを用い，PC 上で行う場合はプログラムなどを利用します．

最初は，痛みなどの感覚量を測るために作成されました．現在でも，精神物理学の研究領域ではよく用いられています．通常の心理実験でも扱うことができますが，質問によっては適さないものもあるので精査が必要です．

例

　これから香りを嗅いで頂きます．その香りについてどれくらい「強い」と感じるかを 0（弱い）から 100（強い）までで判断してください．下のスケールで左側を「0」，右側を「100」として，大体の位置に線を引いてください．

回答例

0 ─────────────┼─────────────────── 100

図 3.4　VAS の例

一対比較法

　一対比較法は，名前の通り刺激を 2 つずつ対にして提示します．ただし，刺激数が 1 つ増えただけで大幅にペア数が増えるので刺激数をできる限り絞らなくてはなりません．

　図 3.5 の例 1 のように，ただ右か左かを選ばせるものをサーストンの一対比較，例 2 のように段階を設定して選ばせるものをシェッフェの一対比較といいます．

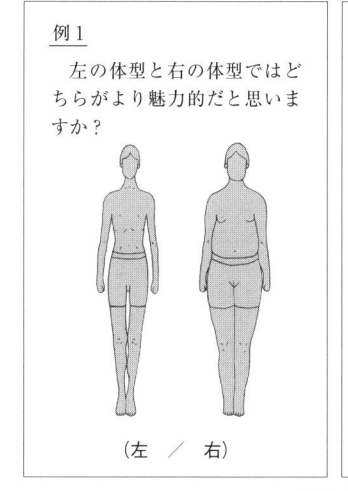

例 1
　左の体型と右の体型ではどちらがより魅力的だと思いますか？

（左　／　右）

例 2
　左の体型と右の体型を比較して，左の方がとても魅力的だと思ったら「1」，やや魅力的だと思ったら「2」，右の方がやや魅力的だと思ったら「3」，とても魅力的だと思ったら「4」と回答してください．

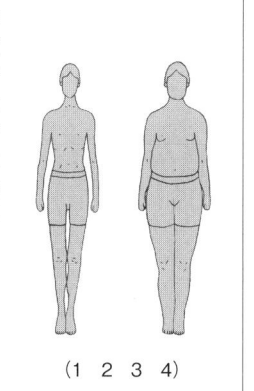

（1　2　3　4）

図 3.5　一対比較法の例

さらに各組み合わせの比率を距離に置き換えて尺度化することによって，それぞれの関係を視覚的に示すことができるのが特徴です．図3.6のように，一次元尺度上に示されます．この例では右に行くほど「魅力的」と感じていることを示しています．

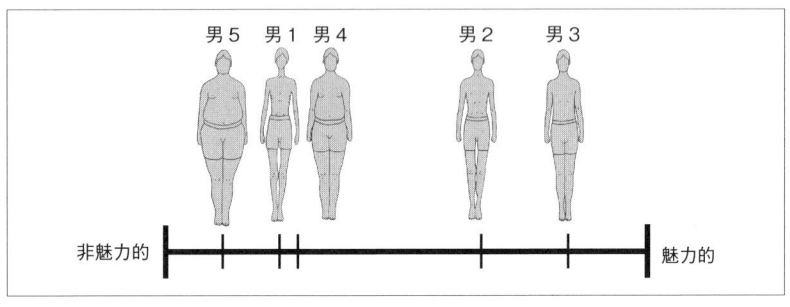

図 3.6　尺度化の例

コラム　倫理的問題について

　実験参加者の生理データなどを採取する実験には，実験参加者に過度のストレスや生体への侵襲性を有する場合があります．そのような場合には実験開始前に各研究機関における学術研究倫理委員会等の承認を得るという手続きが必要となります．場合によっては，実験の実施前に，実験参加者にインフォームドコンセントをとる必要があります．詳しくは所属機関などに確認してください．

3.4　実験を組み立てるには

　実際にデータを取るに当たっては，気をつけなければならない点がたくさんあります．せっかくのデータを無駄にしないために，自分の調べたいことを調べるにはどのようなやり方が適切かをしっかり考えましょう．

3.4.1　調査と実験の違い

　心理学の研究の中には，「実験」と呼ばれるものと「調査」と呼ばれるも

のがあります．心理学（感性認知科学においてもそうですが）の大きな目的として，実証的データによって人の心のメカニズム（特に因果関係）を明らかにするということがあります．実験と調査ではそのためのアプローチ方法が異なります．

実験的方法では，要因をいくつか取り上げ，その要因の影響のみを問題とする状況を作り出します（3.4.2項「実験計画法」も参照）．ここで取り上げない要因については統一し，結果に影響を与えることのないよう配慮します．これを「統制」といいます．たとえば，色の好みに及ぼす経験の影響について調べるとします．実験によって検討する場合の計画としては，事前に提示した画像（風景画・人物画・抽象画）の違いにより，特定の色に対する好みの得点に差があるかを比較するというやり方が考えられます．風景画を見せるグループと，人物画を見せるグループと，抽象画を見せるグループに，実験参加者をランダムに割り当てます．つまり，ある特定の性質を持つ人たち（例：性別，年齢など）が，一方のグループのみに偏らないようにします．

多くの場合，実験を行う際には何らかの仮説が存在します．先に挙げた例でいえば，「事前に提示する絵の種類によりその後の色の好みに違いが出るだろう」というのが1つの仮説（作業仮説）になります．もう少し具体的に，「抽象画を提示された群の人の方が，具象画を提示された群の人に比べて中間色を好むだろう」といった仮説も考えられます（もちろん，あくまでも例なので，この仮説が妥当とは限りません）．仮説は，先行研究をもとに組み立てられることも多いですし，事前に行った観察や予備調査から導かれることもあります．3つ以上のグループの間で本当に色の好みに差があるのかどうかについては，分散分析（4.3.7項）を用いて検定を行います．

一方，調査では，少数の要因を取り上げてその効果を検討するといった実験操作を行いません．手法としては，アンケート用紙を配布して回答を求めるものや，フィールドワーク調査などがあります．たとえば色の好みに及ぼす経験の影響について調べたい場合，質問紙を用いて，個々の色を好きな度合いについて7段階で評価させるとともに，絵画経験（絵画を習った期間など）について回答を求めます．絵画経験の長さと色の評定値の相関係数（4.4.1項）を算出することで，事前の経験が色の好みとどう関係している

のかを検討することができます．さらに，因子分析（4.4.4項）などを行うことで，複雑なデータをより少数の次元で説明できるようになります．

　調査研究では必ずしも仮説が先に存在しないこともありますが，この場合は「絵画経験が色の好みと関連するだろう」というのが仮説になります．ただ，相関関係から因果関係を見出すことは難しいです．ある現象について意味のあるモデルを見出すには，理論的考察によってあらかじめ因果モデルの数を少数に絞っておき，重回帰分析（4.4.2項）などの分析に基づき，データの当てはまりの程度を比較するという方法をとるのがよいでしょう．また，調査により得られた結果をもとに，実験を行い，さらに因果関係を推定すると丁寧な研究になります．

　次に，実験の組み立て方についてもう少し詳しく説明します．

3.4.2　実験計画法

　先に述べたように，実験を行う際には，何らかの仮説を立て，結果に影響しそうな要因を絞ることが重要です．とりあえずやってみたというだけでは，科学的な研究とはいえません（予備実験や，探索的に現象を探っていこうという実験の場合は別です）．仮説は単なる思い付きや直感ではなく，先行研究や予備調査の結果から，論理的に推測して仮説を立てなければなりません．たとえば，事例2では，先行研究をもとに，女性の方が男性よりも自分の体型を太く知覚するため，女性の方が強い痩身願望を持つことにつながるのではないかと考えました（p.14）．これが事例2の研究の出発点であり，1つの仮説です．この仮説を実際に実験によって検討するために，もう少し仮説を具体化する必要があります．事例2は，女性は男性に比べて現在の体型を太めに，理想の体型を細めに推定するのではないかと考えました．

　それでは，自分が立てた仮説が正しいかどうかを検証するにはどうすればよいでしょうか．実験では，結果に影響しそうな要因に見当をつけ，その要因を操作すると結果にどう影響するか調べるというやり方をとります．ここで重要となるのが実験計画法（要因計画法）の考え方です．ここでは，研究を行う人があらかじめ設定する条件，操作する変数のことを独立変数といいます．独立変数の影響を受けて変化する変数，測定される変数のことを従属変数といいます．事例2では，実験参加者自身の全身画像を撮影してプログ

ラムに読み込み，画像の横幅を段階的に調節させるという手続き（調整法）をとりました．そうして自分の現在の体型を推定してもらった場合と，理想の体型を推定してもらった場合と，体型とは全く関係のない物体（350 ml 缶）の太さを推定してもらった場合でその推定値を比較しました．ここで，比較してもらったイメージ（現在，理想，缶）を独立変数もしくは要因と呼び，現在の体型など，そのイメージの種類を水準と呼びます．測定された，太さの推定値が従属変数です．事例2の研究では，1人の実験参加者がすべてのイメージについて推定を行っているので，イメージは被験者内要因となります．男性参加者と女性参加者で推定値の比較を行う場合，性別は被験者間要因となります．t検定（p.93参照）や分散分析（4.3.7項）を行う場合，被験者内要因のデータは，「対応のある」データ，被験者間要因のデータは「対応のない」データとも呼びます．

　実験を行う際に気をつけなければならないポイントとして，条件の統制があります（3.4.3項「実験群と統制群」も参照）．事例2の実験では，参加者の性別や太さ推定の対象とするイメージの種類が太さの推定値に与える影響を見たいので，それ以外の要因（剰余変数といいます）は同じにする，つまり統制する必要があります．たとえば，照明条件，画像の背景，服装などが考えられます．もしも画像を撮影する際に，実験参加者の服装（服の種類や色など）を統一しなかった場合，性別により太さの推定値に違いがあったとしても，性別のみの影響とはいえなくなってしまいます．もし，男性の方が女性よりも濃い色の服を着る人が多いとすると，服の色が太さの推定値に影響を与えてしまう恐れがあるためです．これを交絡効果といいます．これを避けるために，事例2では服装を統一したり，撮影する際の背景や照明条件も一定にしていました．これが条件統制です（3.1節「刺激について」参照）．

　他に実験を組み立てる際に大事なこととしては，反復と無作為化という考え方があります．測定を行う際に，1人の参加者が一度しか判断を行わないとすると，データが偶然にばらついてしまう誤差（偶然誤差）の影響を受けてしまいます．そこで，測定を繰り返すことにより，誤差の影響を少なくする必要があります．また，たとえば必ず現実の体型を先，理想の体型を後に推定するなど，決まった順序で測定を行ってしまうと，その順序が結果に影響を与えてしまう可能性があります．ここで，測定を行う順序をランダムに

することで，順序の影響を除外することができます．他にも，たとえば左右の空間配置など，結果に偏りを与えてしまう可能性が高いもの（系統誤差）については無作為化することで，偏りを小さくする必要があります．反復と無作為化を組み合わせたものを，完全無作為法（完全無作為化計画）といいます．

3.4.3 実験群と統制群

　視覚的な情報が匂いの認知に影響したり，逆に嗅覚情報が視覚処理に影響するといったクロスモーダルな知覚が存在することが確認されています．そこで，花や果物の香りが，「赤」「鮮やかな」など，色を表す言葉に影響するかどうかを調べることにしました．その際に，1人の実験参加者が香りを嗅ぎながら評定する条件と，香りなしで評定する条件をどちらも行うと，実験参加者の負担も大きいですし，先に行った評定が後の評定に影響してしまう可能性もあります．また，香りを使用する実験の場合は，先に嗅いだ香りの影響を後に残さない工夫も必要になります．今回は1人の実験参加者には1つの香りのみを嗅ぐか，全く香りを嗅がずに評定してもらうことにしました．これにより，先に述べた問題はすべて解決されることになります．ここで，香りを嗅ぎながら評定を行った実験参加者たちを実験群，香りなしで評定した実験参加者たちを統制群と呼びます．

　心理学などの実験を行う場合，このように，1人の実験参加者には1つの条件のみを行ってもらい，実験参加者間で結果の比較を行う（「被験者間要因」，「対応のない」データとなる）ことがあります．その際に，何らかの実験操作を行う人たちと，特に実験操作を行わない人たちで結果を比較することにより，その実験操作の効果を検討することができます．実験操作を行う人たちが実験群，行わない人たちが統制群です．

　統制群を設定する場合，いくつかの注意点があります．まず，実験群と統制群には，参加者をランダムに割り当てることが必要です．つまり，たとえば片方の群が男性ばかりになるような偏りが出てしまうと，群間で結果に違いがあったとしても，それが実験操作の効果なのか参加者の性別の違いによるものなのかわからなくなってしまいます．また，統制群は実験操作を行わないとはいえ，必ずしも何もしなくてよいというわけではありません．実験

操作以外の面では実験群と同じになるように統制を行いますので，香りの有無のみが異なるという点を厳密に再現しようとすれば，たとえば統制群は香りを入れていないビンを嗅ぐ（ふりをする）という動作を行ってもよいかもしれません．

第4章

統計手法の紹介

心理学の研究では，統計の知識が必要です．この章では，第1章の論文で使用されていた統計分析手法に重点を置いて，基礎的な統計の考え方や特に感性認知科学の分野でよく使用される分析手法について解説します．具体的な分析の手順については第5章で示します．

データを分析し研究の目的に沿った意味のある情報を得るためには，分析手法の習得が必須です．本章では，第1章の論文で使用されていた統計手法に重点を置いて，基礎的な考え方や特に感性認知科学の分野でよく使用される統計手法について解説します．Rコマンダーを利用した具体的な分析の手順については第5章に示します．

4.1 データの種類と尺度

実験・調査の結果としてさまざまなデータが得られますが，データは，性別，血液型，成績順位などの質的データと，知能指数，身長，売上金額などの量的データの2種類に分類されます．

またさらに，質的データは，名義尺度と順序尺度に分類され，量的データは，間隔尺度と比率尺度に分類されます．

(1) 名義尺度

名義尺度は，性別分類，地域別分類，（売上高の）商品カテゴリーなど，対象がもつ属性を何種類かに「分類」した尺度です．区別のみに用いられている記号ですので，数値であっても等しいか等しくないかについては意味がありますが，この数字の計算に意味はありません．

(2) 順序尺度

順序尺度は，成績，好みの順位など，対象間に「順序」をつけることができる尺度です．意味をもつのは順番だけですので，順序尺度の間隔の差，比などに意味はありません．

(3) 間隔尺度

間隔尺度は，知能指数，気温など目盛が等間隔である尺度です．絶対的な原点がありませんので，尺度間の和差には意味がありますが，比には意味はありません．

(4) 比率尺度

比率尺度は，身長・体重，売上高など，絶対的な原点が存在する尺度です．したがって，四則演算すべてに意味があります．

4.2 基本統計量

　基本統計量とは，データの基本的な特性を表す値です．ここでは，この中から特に，分析によく使用されるデータの中心的な傾向を示す平均値と，データのバラツキ（散布度）の程度を示す分散と標準偏差についてとり上げます．

4.2.1 平均値と分散・標準偏差（SD）

　平均値（μ）は，一般的にデータを代表する値としてよく用いられ，データの総和をデータ数（N）で割ることにより求められます．

　N 個のデータ（$X_1, X_2, \cdots, X_N$）のとき，各値を合計し，データ数で割ることにより求められます．

$$\mu = \frac{1}{N}\sum_{i=1}^{N} X_i$$

　データ集団の散布度の大小を表す尺度として，分散（σ^2）および標準偏差（σ）がよく用いられます[1]．

　分散（σ^2）は，各値と平均値の違いの2乗和を求め，データ数で割ることにより求められ，標準偏差（σ）は，分散の平方根により求められます．

$$\sigma^2 = \frac{1}{N}\sum_{i=1}^{N}(X_i - \mu)^2$$

$$\sigma = \sqrt{\sigma^2} = \sqrt{\frac{1}{N}\sum_{i=1}^{N}(X_i - \mu)^2}$$

　分散および標準偏差について理解を深めるために，図4.1のA～Dのデータ群について，比較・検討してみます．

　A～D各群の平均値は等しくいずれも3です．データ群の代表値として，一般的に平均値がよく用いられますが，各群の平均値は同じ値ですので同類のデータ群と判断しがちです．

---

[1] 一般的に，平均値は μ（ミュー），分散は σ^2（シグマの2乗），標準偏差は σ（シグマ）という記号が用いられます．

しかし，各群は，群内のバラツキ具合がそれぞれ異なりますので，同類のデータ群との判断には問題があります．

したがって各データ群を比較するには，平均値のみではなく，各群内のデータのバラツキを表す代表値も必要です．

次に，バラツキを表す代表値を求める方法について検討します．

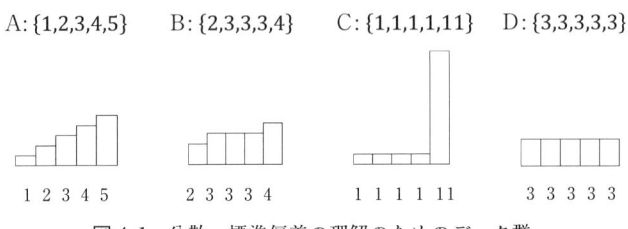

A: {1,2,3,4,5}   B: {2,3,3,3,4}   C: {1,1,1,1,11}   D: {3,3,3,3,3}

図4.1 分散，標準偏差の理解のためのデータ群

A群とD群を例にとると，A群ではデータにバラツキがありますが，D群では各データがすべて平均値と同じ3であるのでまったくバラツキはありません．

そこで，A群の各データの値と平均値との差に着目し，この差をバラツキと考え，A群のバラツキについて計算してみます．

$$A:(1-3)+(2-3)+(3-3)+(4-3)+(5-3)=0$$

A群のバラツキは0になってしまいます．

これを解決するために，各値と平均値の差をさらに2乗し，その合計をバラツキと考え，各データ群について計算すると以下のようになります．

$$A:(1-3)^2+(2-3)^2+(3-3)^2+(4-3)^2+(5-3)^2=10$$
$$B:(2-3)^2+(3-3)^2+(3-3)^2+(3-3)^2+(4-3)^2=2$$
$$C:(1-3)^2+(1-3)^2+(1-3)^2+(1-3)^2+(11-3)^2=80$$
$$D:(3-3)^2+(3-3)^2+(3-3)^2+(3-3)^2+(3-3)^2=0$$

上記で求められた値の大小順位は，$0<2<10<80$，すなわちD<B<A<Cとなり，各群内のバラツキを表す値としては，適当であると思えます．

次に，E:{1,1,2,2,3,3,4,4,5,5}について，上記と同様にバラツキについて計算してみます．

E：$(1-3)^2+(1-3)^2+(2-3)^2+(2-3)^2+(3-3)^2+(3-3)^2+(4-3)^2+(4-3)^2+(5-3)^2+(5-3)^2=20$

ここで，A群とE群を比較してみると，A群のデータ数が5，E群のデータ数は10ですが，平均値は共に3であり，バラツキ具合も本質的には同じといえます．

しかし，バラツキの値は，A群10，E群20であり，異なる値となってしまいます．

この原因は，A群とE群のデータ数の違いによるものであることは明らかです．

以上から，バラツキについては，各値と平均値の違いの2乗和をさらにデータ数で割った値と定義するとよいことがわかります．

このバラツキは，統計学では分散（σ^2）と呼ばれ大変重要です．

A～E群の平均値（μ），分散（σ^2）についてまとめると，表4.1のとおりです．

表4.1 A～E群の平均値，分散のまとめ

	平均値	分散
A	3	2
B	3	0.4
C	3	16
D	3	0
E	3	2

続いて，F：{10,20,30,40,50}について，考えてみます．

F群の各データは，A群の各データの10倍ですが，仮にA群の単位を万円，F群の単位を千円とすると，まったく同じデータとも言えます（10千円＝1万円）．

平均値については，A群3万円，F群30千円ですので，同一と判断できます．

分散（σ^2）を計算してみると，

F：$\dfrac{1}{5}\{(10-30)^2+(20-30)^2+(30-30)^2+(40-30)^2+(50-30)^2\}=200$

F群の分散は200となりました．この場合，分散の単位は，A群は万円^2，F群は千円^{2}となり，比較することができませんので，平方根を求め，単位

を元に戻します．

A群の分散の平方根は，$\sqrt{2} \fallingdotseq 1.41$，F群の分散の平方根は，$\sqrt{200} \fallingdotseq 14.1$ となります．単位を考慮すると，A群は1.41万円，F群は14.1千円ですので，同一と判断できます．

分散の平方根は，統計学では標準偏差（σ）と呼ばれ，大変重要であり，分散と同様によく用いられます．

以上について，まとめると表4.2のようになります．

表4.2　A～F群の平均値，分散のまとめ

	平均値	分散	標準偏差
A	3	2	1.41
B	3	0.4	0.63
C	3	16	4
D	3	0	0
E	3	2	1.41
F	30	200	14.14

4.2.2　基準値（Z値）

データを標準化し，基準値（Z値）を求めることにより，同じ尺度での比較が可能となります．

［例］ある大学では，1年生100人に対して英語のテストを，入学直後の4月および前学期終了直後の9月に行いました．全体の結果（平均，標準偏差）は次のとおりです．

	4月	9月
A君の得点	70	71
平均点	58.3	58.3
標準偏差	19.2	28.6

　A君の得点は，4月は70点，9月は71点でした．A君は自分の得点についてどのように評価すべきでしょうか．

4月と9月を比較しますと，全体の平均点は58.3点ですのでまったく同じです．そして，A君の成績は，4月は70点，9月は71点ですので，4月より成績は上がったように思えますが，全体の標準偏差を比較すると，4月よ

り9月の方がかなり大きくなっていますので,単純に,成績が上がったとは言えません.

このような場合は,データを標準化し,基準値（Z値）を求めることにより比較することが可能となります.基準値は,それぞれの値（得点）から平均値を差し引き,標準偏差で割ることにより求められます.

$$基準値 = \frac{得点 - 平均点}{標準偏差}$$

A君の値（得点）を標準化し,基準値を求めます.

$$4月：基準値 = \frac{70 - 58.3}{19.2} \fallingdotseq 0.609$$

$$9月：基準値 = \frac{71 - 58.3}{28.6} \fallingdotseq 0.444$$

基準値を比較すると,0.609（4月）＞0.444（9月）ですので,A君の成績は4月の方が良いといえます.

このように,データを標準化し,基準値を求めると,データの相互比較が可能となります.

コラム　偏差値

偏差値は,基準値の値を加工した値で,次の式で求められます.

$$偏差値 = 基準値 \times 10 + 50$$

A君の得点の偏差値を求めると,

$$4月：0.609 \times 10 + 50 = 56.09$$
$$9月：0.444 \times 10 + 50 = 54.44$$

となり,A君の成績の偏差値は,4月56.09,9月54.44です.4月の方が偏差値が高いので,成績が良いことがわかります.

4.3　統計的検定

2つの群のデータを集計し,2群の平均値の間に差がみられた場合,その差は,偶然の差なのか意味のある差であるのか判断する場合等に統計的検定が用いられます.

4.3.1 統計的検定の基礎

統計的検定は,「差がある」ことを確認するために,「差が無い」という仮説（帰無仮説と言います）から出発し,確率に基づいて関係を推定します.

帰無仮説がほとんど起きないような低い確率だった場合は,この「差が無い」という仮説が疑わしいことになりますので,「帰無仮説は誤りであった」として,それを捨て去る（「棄却する」と言います）方が良いということになります.すなわち,差が無いとは言えない（「有意である」と言います）という結論が導かれることになります.

統計的検定は,言いかえれば,「2つ（複数）の変数の間に関係がある」という積極的な仮説ではなく,「2つ（複数）の変数の間には関係が無い」という帰無仮説を立てて,その帰無仮説の起こる確率は無視できるほど低いという二重否定の論理ですすめることになります.

この起こりうる確率を有意水準（危険率とも言います）と言い,有意水準5%で帰無仮説を棄却した場合,有意な差がある（差が無いとは言えない）確率が95%,偶然生じた差であり本当は差が無い確率が5%あることになります.また,有意水準は1%,5%,10%がよく利用され,有意な場合,一般的に,それぞれ高度に有意,有意,有意傾向と表現されます.

量的データにおいて2つの群の平均値の間に差があるかどうかについては,t検定がよく用いられ,3つ以上の群の平均値の間に差があるかどうかについては,分散分析がよく用いられます.

第一種の誤りと第二種の誤り

統計手法を利用した推論の誤りには,第一種の誤りと第二種の誤りがあります.

第一種の誤りとは,帰無仮説が本当は正しいのにそれを棄却してしまうことです.言いかえると,本当は差が無いのに有意差を検出してしまう誤りのことです.

第二種の誤りは,帰無仮説が本当は間違っているのに,それを採択してしまうことです.すなわち,本当は差があるのに有意差を検出しないという誤りです.

第一種の誤りが起こる確率は,設定した有意水準と同じです.有意水準の

確率が高いほどその危険性は増大し，たとえば，有意水準が5%の場合は，100回に5回（20回に1回）はこの誤りが起こることになります．

第二種の誤りは，本当は差があるのに有意差を検出しないという誤りですので，データに含まれる貴重な情報を見過ごしてしまうことになります．

特に注意しなければならないのは第一種の誤りで，何もないところに関係性を見いだしてしまうことになりかねません．

母集団と標本

私たちが何かを調査するときには，通常，調査対象のすべてを調査することはありません．調査対象のすべてを調査する国勢調査のようなものはむしろごく少なく，ほとんどは調査対象の一部（世論調査など）を調査し，その調査結果を使って，調査対象すべてを推定しようとします．

一般に，調査・研究の対象となっている集団，すなわち，それについての情報が求められている集団のことを母集団，それを代表する一部分として実際に観察されている集団のことを標本（サンプル）と言い，一般的に，表4.3の記号が用いられます．

表 4.3 母集団，標本の記号

	母集団	標本
サイズ	N	n
平均	μ	$\bar{X}$
分散	σ^2	s^2
標準偏差	σ	s

読み方　μ：ミュー，σ：シグマ
　　　　$\bar{X}$：エックスバー，s：エス

母分散（σ^2）の推定と自由度

標本から母分散を推定する場合には，次の式で表される不偏分散を用いる方が，より正確に推定できることが知られています．

大きさ n の標本 $(X_1, X_2, \cdots, X_n)$ において，標本平均を $\bar{X}$ とすると，以下のようになります．

$$不偏分散 = \frac{1}{n-1}\sum_{i=1}^{n}(X_i - \bar{X})^2$$

分散を計算するときの分母は n ですが，不偏分散では $n-1$ を用います．

── コラム　母分散の推定例 ──

仮に次の16個のデータを母集団と仮定します．

8	9	9	10	10	10	11	11
11	11	12	12	12	13	13	14

この母集団の母平均 μ と母分散 σ^2 を計算すると，$\mu = 11.0$，$\sigma^2 = 2.5$ となります．

$$\mu = \frac{8 + 9 + \cdots + 14}{16} = 11.0$$

$$\sigma^2 = \frac{\{(8-11.0)^2 + (9-11.0)^2 \cdots + (14-11.0)^2\}}{16} = 2.5$$

次に，標本数を仮に3として，16個のデータからランダムに繰り返して6回データをとり出した場合について，分母に n および $n-1$ を用い，それぞれについて分散を計算してみます．

回	①	②	③	④	⑤	⑥
標本	8	10	10	11	11	9
	9	10	11	12	12	12
	13	11	13	13	12	13
$\bar{X}$	10.00	10.33	11.33	12.00	11.67	11.33
$\frac{1}{n}\sum_{i=1}^{n}(X_i - \bar{X})^2$	4.67	0.22	1.56	0.67	0.22	2.89
$\frac{1}{n-1}\sum_{i=1}^{n}(X_i - \bar{X})^2$	7.00	0.33	2.33	1.00	0.33	4.33

1回目の計算は，次のとおりとなります．

$$\frac{1}{n}\sum_{i=1}^{n}(X_i - \bar{X})^2 = \frac{1}{3}\{(8-10)^2 + (9-10)^2 + (13-10)^2\} = 4.67$$

$$\frac{1}{n-1}\sum_{i=1}^{n}(X_i - \bar{X})^2 = \frac{1}{3-1}\{(8-10)^2 + (9-10)^2 + (13-10)^2\} = 7.00$$

2回目から6回目も同様に計算し，求めた6つの値について，それぞれの平均を計算します．

$\frac{1}{n}\sum_{i=1}^{n}(X_i - \bar{X})^2$ で求めた6個の平均：$(4.67 + 0.22 + \cdots + 2.89)/6 = 1.70$

$\dfrac{1}{n-1}\sum_{i=1}^{n}(X_i-\bar{X})^2$ で求めた 6 個の平均：$(7.00+0.33+\cdots+4.33)/6=2.56$

分母に $n-1$ を用いたときの平均である 2.56 が仮の母分散（σ^2）の値である 2.55 に近い値となりました．

この例からも，母分散を推定する不偏分散の分母は n ではなくて $n-1$ を用いた方がよいことがわかります．また，この $n-1$ のことを自由度と言います．

コラム　自由度 *d.f.*（degree of freedom）について

母集団から標本を選ぶときは，標本平均が母平均と同じになるように選ばなければならないという考え方があります．言いかえれば，大きさが 2 の標本を選ぶ場合，1 番目は自由に選べますが，2 番目は，1 番目との平均が母平均と同じになるように選ばなければならないので，自由に選ぶことができずに自動的に決まってしまうことになります．すなわち，大きさが 2 の標本を選ぶときは，自由が許されるのは 1 番目だけということになります．

したがって，不偏分散を求める場合の自由度は，データ数を n とすると，$n=2$ のとき $1(2-1)$，$n=3$ のとき $2(3-1)$ となります．n が 4 以上のときでも同様です．

自由度という考え方は統計学の中でよく使われますが，どの場合でも「データの数から，そのデータから作り出して使用した平均値の数を引いた数」となり，不偏分散を求める場合は，$\bar{X}$ という平均を 1 つだけ使用しますので，自由度は $n-1$ となります．

注）自由度には，*d.f.* または ϕ（ファイ）という記号がよく用いられます．

4.3.2　正規分布

正規分布は，実験値，測定値，学業成績等，非常に広範な分野に現れ，自然界で起こる現象の多くが当てはまり，統計学では最も重要な分布です．

特に，平均が 0，分散（標準偏差）が 1 である正規分布を，標準正規分布と言います．

正規分布の特性

正規分布のグラフは平均値を中心に左右対称です．曲線は平均値で最も高

くなり，左右に広がるにつれて低くなり，平均を μ，標準偏差を σ で表すと，表4.4のような特徴があります．

表4.4 正規分布のグラフの特徴

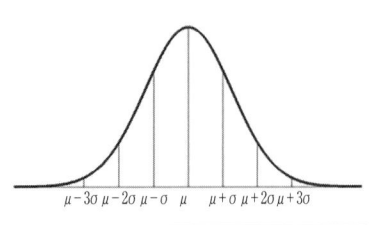

区間	面積（確率）
$\mu-1\sigma \sim \mu+1\sigma$	68.3%
$\mu-1.645\sigma \sim \mu+1.645\sigma$	90.0
$\mu-1.96\sigma \sim \mu+1.96\sigma$	95.0
$\mu-2\sigma \sim \mu+2\sigma$	95.5
$\mu-2.58\sigma \sim \mu+2.58\sigma$	99.0
$\mu-3\sigma \sim \mu+3\sigma$	99.7

データ集団が正規分布する場合は，たとえば，$\mu \pm 1.96\sigma$ の区間にデータの95.0%が含まれます．1，1.645，……，2.58，3は信頼係数と呼ばれます．

標準正規分布を用いた検定には，一般的に，有意確率が90%，95%，99%のときの信頼係数の値である1.645，1.96，2.58がよく用いられます．

標本平均の分布

母集団および標本平均の分布をグラフにすると図4.2のようになります．
・平均値はほぼ等しく（$\mu \fallingdotseq \overline{X}$）なります．
・分散および標準偏差は標本平均の分布の方が小さくなり，次の式が成立します．

$$標本平均の標準偏差（標準誤差（SE）） = \frac{\sigma}{\sqrt{n}}$$

図 4.2 母集団および標本平均の分布

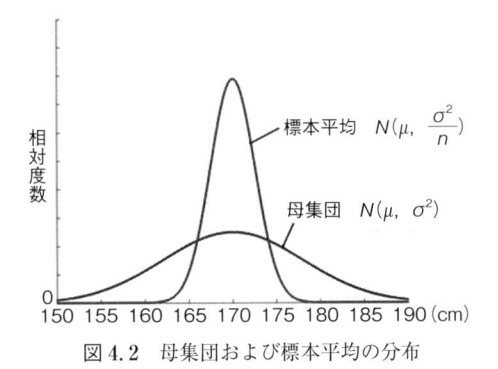

―――― コラム　標本平均の標準偏差の計算例 ――――

　ある地域で男子高校1年生2万人の身長を調べるため全数調査を行い，身長の平均（μ），標準偏差（σ）を求めました．

$$\mu = 170.52$$
$$\sigma = 7.18$$

　次に，標本の大きさを100人とした調査を300回行い，標本平均も300個算出しました．

　この標本平均300個について，平均（$\bar{X}$）と標本平均300個の標準偏差（s）を算出すると，

標本平均の平均　　　　$\bar{X} = 170.48$
標本平均の標準偏差　　$s = 0.708$

となりました．

　$\bar{X}$ は170.48となり，μ は170.52ですので，平均値はほぼ等しくなりました．s は0.708となり，この値は，理論上の値である0.718にきわめて近似した値となります．

$$\frac{\sigma}{\sqrt{n}} = \frac{7.18}{\sqrt{100}} = 0.718$$

　300回の標本調査で求められた値（s）は0.708でしたが，この値は標本調査の回数をさらに増やすと0.718により近づきます．

4.3.3 母平均の検定

母分散が既知のとき（Z検定）

標準正規分布を用いた検定法で，標本の平均と母集団の平均とが統計学的にみて有意に異なるかどうかを検定する方法です．

Z検定を用いる重要な条件として，母標準偏差がわかっている必要があります．

検定は次式よりZの値を求め，$|Z|$ [2] の値と標準正規分布の値との比較によって行われます．

$$Z = \frac{\overline{X} - \mu}{\frac{\sigma}{\sqrt{n}}}$$

たとえば，有意水準が5%の場合，$|Z|$ の値が1.96よりも大きいときは，その標本は母集団からとられたものとは見なせないということになります．

［例］次は大学生14人の身長データです．母集団について，母平均176.2 cm, 母分散=6.81であることがわかっているとき，標本平均は母平均と異なるといえるでしょうか．

(cm)

180.2	173.3	177.3	173.2	173.9	162.4	161.2
182.5	169.5	171.4	173.9	183.1	168.6	164.6

標本平均を計算すると，$\overline{X} = 172.5$ となります．

$$Z = \frac{\overline{X} - \mu}{\frac{\sigma}{\sqrt{n}}} = \frac{172.5 - 176.2}{\frac{6.81}{\sqrt{14}}} = -2.033$$

Zの値の絶対値（2.033）は，有意水準を5%において，標準正規分布表より得られた値である1.96より大きいので，母平均と同じとは言えないという検定結果になります．

---

2) $|Z|$：Zの絶対値（Zの値から符号を取り除いた値）．

母分散が未知のとき（t 検定）

母分散が未知のときは，t 分布を用いた検定を行います．

t 分布

t 分布は，自由度 $d.f.$ の値によって形が変わります．したがって，自由度 $d.f.$ の値によって t 値も異なります．また，自由度 $d.f.$ が無限大のときに正規分布となります（図 4.3）．

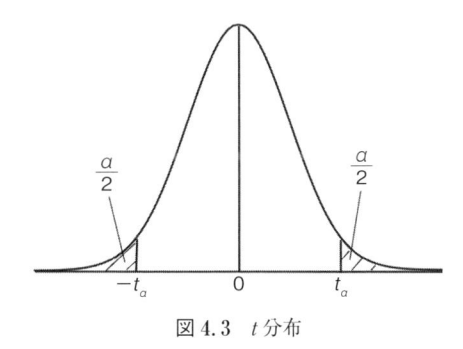

図 4.3　t 分布

検定は次式より t の値を求め，$|t|$ の値と t 分布の値との比較によって行われます．

$$t = \frac{\bar{X} - \mu}{\frac{s}{\sqrt{n}}}$$

[例] 次は大学生 14 人の身長データです．母集団については，母平均は 176.2 cm ですが，母分散はわかっていません．標本平均は母平均と異なると言えるでしょうか．

(cm)

180.2	173.3	177.3	173.2	173.9	162.4	161.2
182.5	169.5	171.4	173.9	183.1	168.6	164.6

標本平均，不偏分散を計算すると，$\bar{X} = 172.507$，$s = 6.891$ となります．

$$t = \frac{\overline{X} - \mu}{\frac{s}{\sqrt{n}}} = \frac{172.507 - 176.2}{\frac{6.8904}{\sqrt{14}}} = -2.005$$

求められた t の値の絶対値と t 分布の値とを比較します.

有意水準 5% の場合, 正規分布の値は, 1.96 (Z 値) ですが, t 分布の値は自由度の値によって異なり, 自由度 $d.f.$ が 13(14−1) のときの t 分布の値は 2.160, 有意水準 10% の場合は 1.771 となります. 求められた t の値の絶対値 (2.005) は, 2.160 より小さく, 1.771 より大きな値ですので, 有意水準 5% において標本平均は母平均と違うとは言えませんが, 有意水準 10% においては違いが見られるという検定結果になります.

また, 上記例題を R コマンダーにより分析すると次の結果が得られました (R コマンダーの詳しい利用方法は第 5 章に示します).

$$t = -2.0052$$
$$p\text{-value} = 0.06622$$

4.3.4 2群の平均値の差の検定（対応のない場合）

2つの群の平均値の差が有意なものかどうかについて用いられる t 検定です.

検定には, 対応のある場合と対応のない場合とがあります. この場合の対応とは, 標本間の対応関係をさします. 2つのデータが同じ人から得られた場合は対応あり, 違う人から得られた場合は対応なしとなります.

たとえば, 男女間の平均値の差を検定する場合は, これらの2群に対応はありませんが, 同じ被験者の授業の前後の得点の差について検定する場合において用いるデータは, 同じ被験者の得点差ですので, この場合は対応のある場合となります.

また, 本検定（対応のない場合）は, 2群の母分散が等しいかどうかによって, 検定方法が異なります.

［例］新製品の好感度における男女間の違いについて調べるため, 10点満点にて調査しました. 男女別各10人の評価は次のとおりです. 男女間における評価の違いはあるでしょうか.

(点)

|男性|6|4|7|8|6|3|6|6|6|8|
|女性|5|3|8|4|4|2|3|5|5|4|

Rコマンダーで分析したところ，次の結果が得られました．

① 2群の母分散が等しいと仮定したとき

通常の t 検定を行います．

$$t = 2.3753$$
$$p\text{-value} = 0.02885$$

有意確率は 0.02885（2.885％）です．したがって，有意水準 5％ において，男女間に有意な差がみられます．

② 2群の母分散が等しくないとき

ウェルチ（Welch）の t 検定を行います．

$$t = 2.3753$$
$$p\text{-value} = 0.02888$$

有意確率は 0.02888（2.888％）ですので，有意水準 5％ において，男女間に有意な差がみられます．

通常の t 検定を行うには，2群について分散が等しいことが条件となります．2群の等分散性が疑わしい場合，または，分散比の検定（F 検定）で帰無仮説が棄却され，等分散であるとはいえない場合には，ウェルチの t 検定がよく用いられます．

t 検定は，3つ以上の群の平均値の差について用いることはできません．たとえば，高校1年生と2年生と3年生の成績の平均値の違いについて分析する場合，t 検定を1年生と2年生，2年生と3年生，1年生と3年生と繰り返して用いることはできません．この場合は，分散分析を用います．

―――― コラム　t 検定の繰り返しができない理由 ――――

本当は差の無い3群の平均値を検定することを考えてみます．有意水準を 5％ とすると，第一種の誤り（本当は差が無いのに，有意差を検出してしまう）の確率は 5％ ということになります．

ここで，3群間の差を検討するのに，t 検定を3回繰り返した場合について考えてみます．t 検定1回について誤る確率が 5％，すなわち，誤らない

確率が95%です．検定は3回繰り返しますので，3回ともに誤らない確率は，約86%（0.95×0.95×0.95）となります．

したがって，3回のうち少なくとも1回は誤った結果を導く確率は約14%（100−86）となり，有意水準5%よりかなり大きな値となってしまいます．したがって，帰無仮説がより棄却されやすくなってしまいますので，3群以上の平均値の検定に，t検定を繰り返して用いることはできません．

4.3.5 2群の対応のある平均値の差の検定

2つの群が対応のある場合における平均値の差が有意なものかどうかについて用いられるt検定です．

2群のそれぞれ対応するデータの差を用いて行うt検定です．したがって4.3.3項「母平均の検定」と同じ考え方に基づく検定です．

[例] 新製品の好感度において，商品説明の前後による評価の違いについて調べるため，10点満点にて調査しました．10人の各評価は次のとおりです．商品説明の前後に評価の違いはあるでしょうか．

(点)

説明前	6	3	8	5	7	2	5	7	6	7
説明後	7	3	9	3	9	2	4	9	9	7

Rコマンダーで分析したところ，次の結果が得られました．

$$t = 1.2603$$
$$p\text{-value} = 0.2393$$

有意確率は0.2393（23.93%）です．したがって，有意水準5%において，商品説明の前後における好感度評価に有意な差はみられません．

4.3.6 分散比の検定（F検定）

2つの群が存在するときに，各群の母分散が等しいかどうかについて検討する場合に用いられる検定です．たとえば，2つの母平均の差の検定（t検定）では，等分散を仮定する場合と，しない場合で検定方法が変わりますので，このような場合にもよく用いられます．

母分散の違いは，2つの群の差ではなく比を用い，F分布を利用して判断

します．

[例] 新製品の好感度における男女間の違いについて調べるため，10点満点にて調査しました．男女別各10人の評価は次のとおりです．男女間の評価の違い（2群の平均値の差の検定）の前によく行われる等分散の検定を行います．

(点)

男性	6	4	7	8	6	3	6	6	6	8
女性	5	3	8	4	4	2	3	5	5	4

Rコマンダーで分析したところ，次の結果が得られました．

$$F = 0.9129$$
$$p\text{-value} = 0.8942$$

F値は，0.9129であり，有意確率は0.8942（89.42%）です．

したがって，有意水準5%において，男女間の分散は等分散であるという結果となりました．

4.3.7 分散分析

分散分析は，複数の群間の平均値を比較するための手法です．t検定では，2つの群の平均値の差を比較しましたが，分散分析は，さらに複数群間の平均値の差を比較する場合に用います．具体的には，群間分散と群内分散の比が，F分布と呼ばれる分布に従うことを利用して検定を行います．

1要因分散分析（1元配置分散分析）

1要因分散分析は，1つの要因における3群以上の平均値の差について検討します．たとえば，野球部とテニス部とサッカー部における各部員間の走力の差，大学1年生から4年生までの各学年ごとの成績の差を比較する場合などに用います．

[例] ある商品の好感度について，東京，大阪，福岡の3地域の大学生5人について調査を行いました．地域の違いにより好感度は異なるでしょうか．

好感度調査　　　（10点満点）

	東京	大阪	福岡
学生1	7	8	6
学生2	6	5	5
学生3	7	6	4
学生4	5	6	4
学生5	8	7	5

地域の違いによる影響の大きさ（効果）をみるために，地域別に平均を計算すると，

$$東京：\frac{1}{5}(7+6+\cdots+8)=6.6 \quad 大阪：\frac{1}{5}(8+5+\cdots+7)=6.4$$

$$福岡：\frac{1}{5}(6+5+\cdots+5)=4.8$$

全体の平均は，

$$\frac{1}{3}(6.6+6.4+4.8)\fallingdotseq 5.93$$

ですので，地域ごとの違いによる効果は，それぞれの平均から全体の平均を引いて，

$$東京：6.6-5.93=+0.67 \quad 大阪：6.4-5.93=+0.47$$

$$福岡：4.8-5.93=-1.13$$

となります．

次に，地域ごとに5人の大学生について考えてみます．東京を例にすると，東京の大学生の平均値は6.6ですが，5人の値は5〜8とばらついています．これを各大学生の個性，すなわち，群内の誤差と考えます．

この誤差の大きさと地域の効果の大きさの比をとって，その値が十分大きければ，地域の違いによって影響があると判定することにします．

最初に，誤差の大きさとして次の群内分散 V_E を計算します．

V_E は，各地域（群）のバラツキを計算し自由度で割って求めます．

$$(7-6.6)^2+(6-6.6)^2+(7-6.6)^2+(5-6.6)^2+(8-6.6)^2$$
$$+(8-6.4)^2+(5-6.4)^2+(6-6.4)^2+(6-6.4)^2+(7-6.4)^2$$
$$+(6-4.8)^2+(5-4.8)^2+(4-4.8)^2+(4-4.8)^2+(5-4.8)^2=13.20$$

自由度は3つの平均値 (6.6, 6.4, 4.8) を使用しましたので, 12(15−3) です.

したがって,

$$V_E = \frac{13.20}{12} = 1.10$$

となります.

続いて, 地域（群）の効果である群間分散 V_A を計算します[3]).

$$(6.6−5.93)^2 \times 5 + (6.4−5.93)^2 \times 5 + (4.8−5.93)^2 \times 5 ≒ 9.73$$

自由度は, 全体の平均を使用しましたので, 2(3−1) です.

したがって,

$$V_A = \frac{9.73}{2} ≒ 4.87$$

群内分散と群間分散の比を F とすると,

$$F = \frac{V_A}{V_E} ≒ 4.42$$

この F の値と F 分布の値とを比較し判定します.

自由度が2と12, 有意水準が5％のとき, F 分布の値は3.89です.

$$F = 4.42 > 3.89$$

F の値である4.42は, F 分布値である3.89より大きいので, 有意水準5％において, 3つの地域の違いの大きさには有意な差があると判定できます.

論文事例1には次のような記述があります.

「各クラスターの印象を比較するため, クラスターを要因とした1要因4水準 (クラスター:1〜4) の分散分析を行った. その結果, 審美性因子においては, クラスター間に0.1％水準で有意な差があることが認められ ($F_{(3,1196)}=7.511$, $p<.001$), … (p.5)」

この記述から, 有意水準（危険率）0.1％において, 審美性因子の4つの各クラスターの平均値が等しいとは言えない, ということがわかります. また, 要因は審美性因子だけですので, 1要因分散分析となります.

---

3) 群内分散の大きさ V_E を計算するときに15個のデータを使用しましたので, 群間分散 V_A を計算するときにもバランスをとるためにそれぞれの効果に対して5倍します.

分散分析は「分析に用いられるすべての群の平均値は等しい」という帰無仮説に基づき，この仮説が成立する確率が一定の基準（有意確率）を下回るときは，「すべての群の平均値は等しいとは言えない」という結論（帰無仮説を棄却）を導くことになります．

したがって，「すべての群の平均値は等しいとは言えない」との結果からは，どの群間に差があるのかこの段階ではわかりません．どの群間に差があるかを明らかにするためには，「多重比較」という手法を用いる必要があります．

〈結果の表記について〉

上記（$F_{(3,1196)} = 7.511$, $p < .001$）は，分析結果を論文に記述する書き方です．Fの値である7.511は，群間分散を群内分散で割った値で，そのときの群間分散の自由度は3，群内分散の自由度は1196，有意確率（p）は，0.001（0.1％）未満であることを示しています．

多重比較

分散分析では，「全体として群間に差がある」ということはわかっても，「どの群間に差があるか」についてはわかりませんので，それを明らかにするために，「多重比較」という手法を用います．多重比較の方法には，Bonferroni（ボンフェローニ）法，Tukey（テューキー）法，Scheffe（シェッフェ）法等，多くの種類があり，それぞれに特徴があります．ボンフェローニ法は，それぞれの群間で両側t検定を行い，その際の有意水準をt検定を行う回数で割った値に設定する方法であり，t分布の代わりに多重性が考慮された別の確率分布を用いた方法がTukey法です．また，Scheffe法は，事前に立てた仮説をそのまま検討することができる柔軟な方法です．

論文事例1には，「Tukey法による多重比較では，クラスター2とクラスター4の間に有意な差が見られた．すなわち，クラスター2は好ましく読みやすい印象，クラスター4は好ましくない読みにくい印象が持たれていた」（p.5）と記述されています．

分散分析の結果，全体として群間に差があったので，Tukey法によってどの群間に有意な差があるかについて検討したことがわかります．

2要因分散分析（2元配置分散分析）

2要因分散分析は，2つの要因によって分類し，各群間の平均値の差について検討します．たとえば，性別と学年によって実験参加者を分類し，成績の差を検討する場合等に用います．

論文事例2では，「太さの推定値について，2（実験参加者性別：男・女）×3（シルエットイメージ：現在の体型・理想の体型・缶の大きさ）の2要因分散分析を行った．その結果，実験参加者性別要因（$F_{(1,58)}=46.786$, $p<.001$），シルエットイメージ要因（$F_{(2,116)}=27.285$, $p<.001$）において主効果が見られた」(p.22) と記述されています．

ここでは，要因は性別とシルエットイメージの2つですので，2要因分散分析です．論文の記述から，性別とシルエットイメージともに，主効果が認められたことがわかりますが，図4.4からも主効果が確認できます．

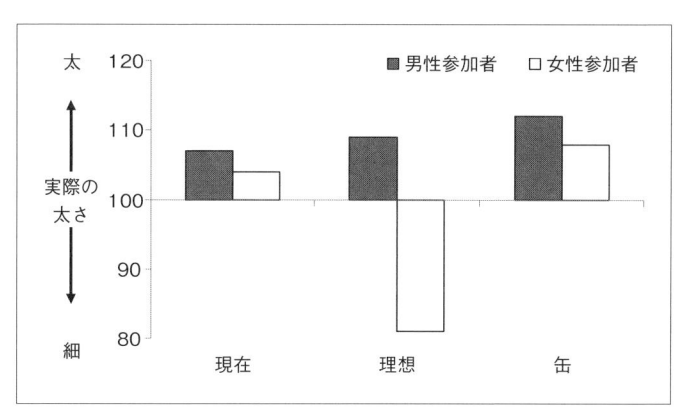

図4.4 大きさ（太さ）推定の平均値（事例2の図2）

交互作用

2要因以上の分散分析において，1つの条件に対するデータ（測定値）が，2つ（繰り返し数が2という言い方をします）以上ある場合は，交互作用を求めることができます．

交互作用とは，ある要因の効果が別の要因の水準によって変わってくることを示しています．たとえば，新しい教育方法を開発し，従来の教育方法と比較をしてみた結果，新しい教育方法はIQ（知能指数）が高い群にだけ従

来の旧教育方法よりも効果があり，逆にIQが低い群には旧教育方法の方が効果があったような場合に，教育方法という要因とIQという要因との間に交互作用が認められます．

論文事例2には，「実験参加者性別とシルエットイメージの交互作用も有意であった（$F_{(2,116)}=23.849$, $p<.001$)」(p.22) と記述されていますので，実験参加者性別とシルエットイメージ要因間に交互作用があったことがわかります．

単純主効果の検定

論文事例2には，「単純主効果の検定の結果，理想の体型に対する判断において，実験参加者性別により有意差が見られた（$p<.001$)．男性参加者よりも女性参加者の方が理想の体型を有意に細く調節した．また，女性参加者は，理想の体型を現在の体型に比べて有意に太く判断した（$p<.001$)」(p. 22) と記述されています．

単純主効果の検定とは，要因（単数または複数）の水準ごとに，その他の要因の効果を検定する手法で，1要因分散分析における多重比較に対応する検定方法です（性別が要因のとき，男女の2水準となります）．

分散分析のまとめ

分散分析の結果，有意になるかについては，群間分散と群内分散の比によって決まります．すなわち，「群間分散が大きいこと」と「群内分散が小さいこと」の2つの要素によって決定されます．したがって，有意になる条件として，「群間の平均値の差が大きいこと」は重要ですが，「各群内の分散が小さいこと」も条件となることに注意する必要があります．

この群間分散と群内分散の比は，F値と呼ばれ，F分布に従うことから，F値とF分布の値との大小比較により検定を行います．

― コラム　有意水準の表記について ―

有意水準の表記の仕方には，そのまま$p=0.33$などと表記される他さまざまありますが，一般的な表記方法としてアスタリスク（*）を使ったものがあります．通常，5% 水準のときは（*)，そして，1% 水準：（**），0.1% 水

準：(***) と表記されます（*$p<.05$, **$p<.01$, ***$p<.001$）．
　また，10% 水準の場合は，（†：ダガー），有意な差が認められない場合，n.s.（not significant の略），または，N.S. と表記されます．

4.3.8　分割表の検定（カイ2乗検定）

　分割表（クロス集計表）の検定は，質的データの分析によく使われ，適合度の検定，独立性の検定として利用されます．

　適合度の検定とは，たとえば，男性 100 人，女性 200 人，合計 300 人から性別に関係なく 30 人を選ぶ場合，確率的には男性 10 人，女性 20 人が選ばれると推定されますが，実際に得られた実測値が男性 12 人，女性 18 人であった場合，これはよくある誤差の範囲内なのか，そうとは言えないのかについて検定する場合です．すなわち，実際にデータとして得られた実測値（観測値）が，期待値（理論値）と一致するかどうかを検定することになります．

　独立性の検定は，2つの属性の間に関連性があるかどうかについて検定するものです．たとえば，1つ目の属性を性別，もう1つの属性をサッカーファンかそうではないかとするような場合，サッカーファンであるかどうかが，男女の性別には関係が無い場合は，この2つの属性は独立であり，関係があれば2つの属性は独立であるとは言えないという言い方をします．

> ［例］あるメーカーでは主力製品 A, B 2種類を販売しています．この主力製品について，高校生と大学生に A, B どちらを好むかを調査しました．次に示す結果から，高校生と大学生に好感度の違いはあると言えるでしょうか．
>
> | | A | B | 計 |
> |---|---|---|---|
> | 高校生 | 60 | 40 | 100 |
> | 大学生 | 30 | 70 | 100 |
> | 計 | 90 | 110 | 200 |

　調査した値（実測値）と好感度に違いが無いときの値（期待値）との食い違いの大きさ，カイ2乗（χ^2）を求めて，χ^2 分布の値との比較により検定を行います．

　期待値を表にすると，次のとおりです．

	A	B	計
高校生	45	55	100
大学生	45	55	100
計	90	110	200

注) 期待値の計算方法例
　高校生・A 製品の期待値＝総合計×高校生である確率×A 製品の確率
　　$200 \times (100/200) \times (90/200) = 45$
　高校生・B 製品の期待値＝総合計×高校生である確率×B 製品の確率
　　$200 \times (100/200) \times (110/200) = 55$

食い違いの大きさ（χ^2）は，実測値と期待値の差をとり2乗し，その値の相対的な大きさを見積もる（尺度をそろえる）ために期待値で割り，合計することによって求めます．

$$\chi^2 = \frac{(60-45)^2}{45} + \frac{(40-55)^2}{55} + \frac{(30-45)^2}{45} + \frac{(70-55)^2}{55} \fallingdotseq 18.18$$

カイ2乗（χ^2）分布の値は，自由度は1，有意水準を5%とすると，3.841となり，$\chi^2 = 18.18 > 3.841$ であるので，有意水準5%において，高校生と大学生では商品の好感度に違いがあるという検定結果となります．

注) 分割表の検定の自由度について
　次の分割表は2行×2列（計を除く）です．行，列ともに計が固定されていますので，たとえば，A1, B1 にある値 d を入力すると，A1, B2 の値は A1 の計から d を引いた値に自動的に決まり，同様に，A2, B1 の値，A2, B2 の値もそれぞれの計から引いた値に自動的に決まってしまいますので，自由度は1になります．

	B1	B2	計
A1			
A2			
計			

したがって，分割表の検定の自由度は，2行×2列の場合，$(2-1) \times (2-1) = 1$，a 行×b 列の場合，$(a-1) \times (b-1)$ となります．

[例] 大学生81人の学年別運転免許保有数は次のとおりです．学年により免許保有率に差があるでしょうか．

4.3 統計的検定　105

(人)
	1年生	2年生	3年生	4年生	計
免許有り	5	11	9	18	43
免許無し	13	12	5	8	38
計	18	23	14	26	81

Rコマンダーにより分析すると，
$$\chi^2 値 = 8.3111$$
$$p\text{-value} = 0.04$$
となり，有意確率は，0.04（4%）ですので，有意水準5%において，帰無仮説は棄却され，学年により免許の保有率に違いがあるという結果となります．

　注）自由度は，2行×4列ですので，$d.f. = (2-1) \times (4-1) = 3$ となります．

　論文事例2では，「2（性別男性・女性）×3（判断カテゴリ：痩せたい・そのまま・太りたい）のクロス集計表についてカイ2乗検定を行ったところ，度数のバラツキは有意であった（$\chi^2_{(2, N=158)} = 9.498, p<.01$）(p.19)」と記述されています．性別と判断カテゴリには関連があるということがわかります．

　分割表の検定を行う場合，一般的には，期待値が5以下のセルが全体のセルの20%以上あるか，期待値が1以下のセルが1つでもある場合は不適当であるとされ，その場合は，カテゴリーの併合，または，他の手法（フィッシャーの正確確率検定）を用いる必要があります．

調整済み残差

　実測値から理論値を減じた値を残差と言いますが，各セルごとにこの残差が有意に大きいか小さいかを判定するために，調整済み残差が用いられます．調整済み残差は，残差が正規分布しているものと仮定して求めます．有意水準が5%の場合，正規分布を仮定していますので，1.96（Z値）との大小比較によって検定します．

　論文事例2には，「調整済み残差を求めたところ，太りたいと回答した男性は期待度数より有意に多く，女性は少なかった（$p<.05$）のに対し，痩せ

たいと回答した男性は少なく，女性は多かった（$p<.01$）（p. 20)」と記述されていますので，有意水準 5% において，太りたいと回答した男性は有意に多く，女性は有意に少なく，また，有意水準 1% において，痩せたいと回答した男性は有意に少なく，女性は有意に多かったことがわかります．

4.3.9　フィッシャーの正確確率検定

分割表の検定において，一般的に，期待値が 5 以下のセルが全体のセルの 20% 以上あるか，期待値が 1 以下のセルが 1 つでもある場合は，本検定法により独立性の検定を行います．

［例］次の分割表から，学生／会社員と新聞の選択との間に関連があると言えるでしょうか．

（人）

	経済紙	スポーツ紙	計
大学生	5	3	8
会社員	20	10	30
計	25	13	38

R コマンダーで分析したところ，次の結果が得られました．

$$p\text{-value} = 0.011$$

有意確率は 0.011（1.1%）ですので，有意水準 5% において，帰無仮説が棄却され，学生／会社員と新聞の選択との間に関連性があるという結果となります．

4.3.10　母比率の検定

標本におけるある比率（p）が母集団の比率と等しいかどうかを検定する方法です．標本数（n）が大きく，母集団比率があまり小さくないときに 2 項分布が正規分布に近似することを利用して検定を行います．

ただし，2 項分布の正規分布による近似条件として np および $n(p-1)$ がいずれも 5 以上である必要があります．

［例］大学生を対象としたある資格試験の合格率は 30% です．ある大学の受験

者数は30人，合格者は18人でした．この大学は，受験者全体と比較して多く合格していると言えるでしょうか．

Rコマンダーで分析したところ，次の結果が得られました．
$$p\text{-value} = 0.232$$
有意確率は0.232（23.2%）ですので，有意水準5%において，帰無仮説が採択され，この大学は，受験者全体と比較して多く合格しているとは言えないという検定結果となります．

4.3.11　2群の比率の差の検定

2つの群の比率の差が有意なものかどうかについて検定する場合に用いられます．たとえば，男女間において比率の差があるかどうかを検定するときなどに用いられます．

［例］ある大学の好感度について高校生に調査したところ，男子20人中9人が，女子20人中15人が好感をもっているという結果が得られました．男女間に，好感度の違いがあるといえるでしょうか．

Rコマンダーで分析したところ，次の結果が得られました．
$$p\text{-value} = 0.05281$$
有意確率は0.05281（5.281%）です．したがって，有意水準5%において，帰無仮説が採択され，男女間に好感度の違いはみられないという結果となりませんが，有意水準10%においては，帰無仮説は棄却され，男女間に好感度の違いがみられるという結果となります．

4.4　多変量解析

多変量解析は，多くの変数データ同士の相関関係に注目した分析法です．ある現象に対し，その現象を構成する要因の抽出，その現象が今後どうなるかについての予測，どの集団に属するかについての判定等を行う場合に用いられます．

4.4.1 相関関係

相関関係とは，2つの変数間の関連性を示し，相関関係には，一方が増加すると他方も増加する正の相関関係，一方が増加すると他方は減少する負の相関関係，そのどちらでもない無相関があります（図 4.5）．

同じ方向に点が配列されている場合，点の集中度が関係の強さを測定する手がかりとなります．

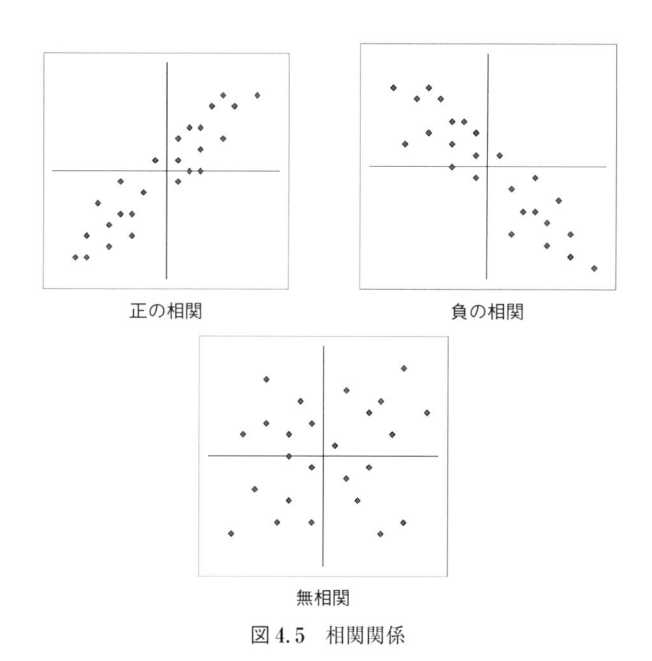

図 4.5 相関関係

相関係数（r）

2つの変数間の関連性を示す指標であり，頻繁に使われる分析方法の1つです．

相関係数は-1から$+1$までの値をとり，相関係数の強さについては，一般的な目安として，相関係数の絶対値が 0.2 よりも小さいときは「ほとんど相関がない」，0.2 から 0.4 くらいのときは「弱い相関がある」，0.4 から 0.7 くらいのときは「中程度の相関がある」，0.7 を超えるときは「強い相関がある」と表現することが多いようです．

論文事例1に,「因子間に相関が確認されなかったため ($r=.07$),……(p. 4)」,「見やすさと好みの評価点について相関係数を算出したところ,これらの間には強い正の相関が確認された ($r=.770$)」(p. 6) と記述されています.因子間の相関係数は 0.07 ですので,ほとんど相関がみられず,また,見やすさと好みの評価点との相関係数は 0.770 ですので,強い正の相関がみられたことがわかります.

コラム　相関係数の計算式について

相関係数 (r) は次の式によって計算できます.($\bar{X}:X$ の平均　$\bar{Y}:Y$ の平均).

$$r = \frac{\frac{1}{N}\sum_{i=1}^{N}(X_i - \bar{X})(Y_i - \bar{Y})}{\sqrt{\frac{1}{N}\sum_{i=1}^{N}(X_i - \bar{X})^2}\sqrt{\frac{1}{N}\sum_{i=1}^{N}(Y_i - \bar{Y})^2}}$$

分母は,X,Y それぞれの標準偏差の積になっていますが,分子の部分は共分散と呼ばれ,相関関係の強さを表します.

ここで,共分散について,考えてみます.

散布図において X,Y のそれぞれの平均である $\bar{X}$,$\bar{Y}$ によって区切られる領域を下図のように①②③④とします.

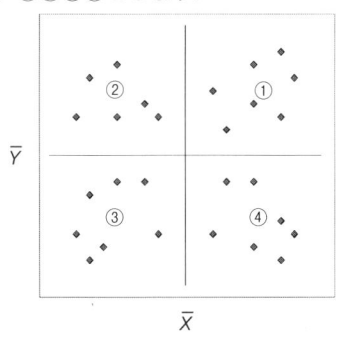

①②③④の各領域において $(X_i - \bar{X})$ と,$(Y_i - \bar{Y})$ を計算すると,各領域の符号は次のようになり,$(X_i - \bar{X})(Y_i - \bar{Y})$ の符号は,①③の領域がプラスとなり,逆に②④の領域がマイナスの値となります.

	$(X_i-\bar{X})$	$(Y_i-\bar{Y})$	$(X_i-\bar{X})(Y_i-\bar{Y})$
①	＋	＋	＋
②	－	＋	－
③	－	－	＋
④	＋	－	－

したがって，①③の領域に多く点が描かれていれば，プラスの値が大きくなり，逆に②④の領域に多く点があるとマイナスの値が大きくなり，また，すべての領域に散らばっていれば互いに相殺されて0に近くなります．すなわち，この分子（共分散）の値の大きさは，相関関係の強さを表していることがわかります．

また，分母である標準偏差で割ることにより標準化されますので，相関係数の値は－1から＋1の範囲となります．

コラム　疑似相関

疑似相関とは，注目する2つの変数間で直接的な関連性が無いにもかかわらず，まったく関係の無い第3の変数の影響によって，有意な相関係数が得られてしまうことです．

たとえば，小学校1～6年生全体において，知っている漢字の数と足の大きさの関係には相関関係がみられます．一見してまったく関係がないと考えられるこの両者に相関関係がみられてしまう原因は，年齢という要因にあります．小学生は，学年が上がれば学ぶ漢字の数も多くなり，足の大きさも大きくなります．

また，ある地域におけるアイスクリームの売上高とプールの入場者数に相関がみられた場合，これには気温という要因の存在が考えられ，男性における血圧と年収に相関がみられた場合には，年齢という要因が影響していることが考えられます．

このように，2つの変数間で直接的な関連性が無いにもかかわらず，まったく関係の無い第3の変数の影響によってみられる相関関係を疑似相関と言います．相関関係がみられた場合でも，必ずしもそれが因果関係を意味するとは限らないので注意が必要です．

4.4.2　重回帰分析

商品の広告費 x と売上高 y，家計における収入 x と食費 y などの関係を調

べると，x の値が変わるとそれに伴って y の値も変わるという関係がしばしばみられます．このようにある変数 y とそれに影響を与えると考えられる変数 x の間の関係式を求め，それに基づいての予測，および変数の影響の大きさを評価する場合等に用いられる分析を回帰分析と言います．

この場合の変数 y を従属変数（目的変数），変数 x を独立変数（説明変数）と言い，独立変数が1つのとき単回帰分析，2つ以上のとき重回帰分析と言います．

回帰式は次のとおりです．

$$y = a + b_1 x_1 + b_2 x_2 + \cdots + b_k x_k \quad (独立変数 k 個)$$

a，b_1，b_2，……の値を偏回帰係数と言い，係数の値は最小2乗法によって求めます．

コラム　最小2乗法

観察されたデータ (x, y) に最もよくあてはまる直線を回帰線 $y = a + bx$ とするとき，このデータと回帰線のバラツキが，全体としてできるだけ小さくなるような直線を考えるのが自然です．

このあてはめの方法としてよく使われている方法に最小2乗法があります．あてはめられた直線と観察点との y 軸にそって，縦に測った距離の2乗和（$\sum d^2$）が最小になるように，偏回帰係数の値を定めます．

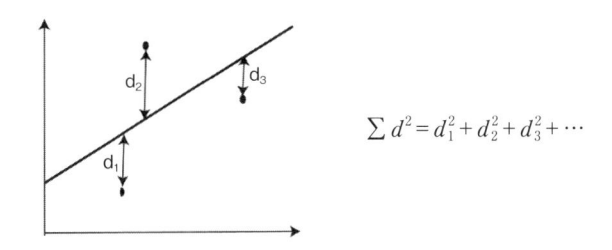

$$\sum d^2 = d_1^2 + d_2^2 + d_3^2 + \cdots$$

論文事例1の論文の記述を見てみると，次のような記述があります．「見やすさ，好みについては標準化を行ったそれぞれの評価点を従属変数，各因子の因子得点を独立変数として重回帰分析を行った．その結果，見やすさにおいて $Y_1 = .000 + .684 \times$ 審美性因子得点 $- .016 \times$ 個性因子得点（$R^2 = .523$），好みにおいて $Y_2 = .000 + .724 \times$ 審美性因子得点 $+ .178 \times$ 個性因子得点（R^2

＝.615）という重回帰式が得られた」（p.6）

従属変数（目的変数）と独立変数（説明変数）

　重回帰分析では，説明される要因を従属変数（目的変数）と呼び，従属変数を説明する要因を独立変数（説明変数）と呼びます．論文事例 1 では，「評価点」が説明される要因ですので従属変数となり，「審美性因子」，「個性因子」の 2 因子の因子得点は説明する要因ですので，独立変数となります．すなわち，従属変数である「評価点」を，独立変数である「審美性因子」，および「個性因子」の 2 つの因子の因子得点で説明します．

偏回帰係数

　独立変数の係数を偏回帰係数と言います．独立変数は従属変数を説明していますので，偏回帰係数は従属変数に対して独立変数の影響力の強さを示す値です．

　したがって，大きい偏回帰係数をもつ独立変数は，強く従属変数に影響を与え，偏回帰係数が小さい独立変数は，あまり従属変数に影響を与えないと言えますが，偏回帰係数の大きさは，独立変数の測定単位に影響されますので，単純な偏回帰係数相互の大小比較は意味がありません．

　論文事例 1 では，偏回帰係数は，見やすさにおいて，「審美性因子」は 0.684，「個性因子」は－0.016 となります．また，好みでは，「審美性因子」は 0.724，「個性因子」は 0.178 となります．

標準化偏回帰係数

　偏回帰係数を標準化した値を標準化偏回帰係数と呼びます．標準化することにより偏回帰係数相互の比較が可能となります．

　論文事例 1 では，因子得点をデータとして使用しているため，標準化偏回帰係数は記載されていません．因子得点は既に標準化されていますので，偏回帰係数相互の比較が可能となります．

　したがって，見やすさを例にすると，「審美性因子」の値である 0.684 は，「個性因子」の値である－0.016 より大きな値ですので，「審美性因子」が，「個性因子」より，評価点に対する影響が大きいことがわかります．

偏回帰係数の t 検定

偏回帰係数については，それぞれについて有意性の検定を行うことができます．これは得られた偏回帰係数が 0 であるという仮説（帰無仮説）に対する検定，言いかえれば，偏回帰係数が 0 である確率を求めます．そして，その値が，一般的には 1% または 5% 以下であれば，得られた偏回帰係数は 0 ではない，すなわち，有意（意味のあること）になります．

論文事例 1 における偏回帰係数の大検定についての記述から，重回帰式 Y_1 では審美性因子，Y_2 では審美性因子および個性因子の偏回帰係数が，有意水準 0.1% で有意であることがわかります．

決定係数（R^2）

決定係数（R^2）は，独立変数が従属変数をどのくらい説明できるかを示す指標であり，「○○% 説明できる」と解釈でき，一般に，この値が高いほど，重回帰分析の予側の精度が高いことになります[4]．

決定係数（R^2）の評価については，一般的に 0.5 未満：良くない，0.5 以上：やや良い，0.8 以上：非常に良いと言われていますが，具体的に用いる領域によって分析者の判断に委ねられます．

論文事例 1 では，決定係数（R^2）が 0.523 および 0.615 ですので，それぞれ，独立変数で従属変数を 52.3% および 61.5% 説明できると解釈できます．

分散分析（F 値）による検定

求められた偏回帰係数がすべて 0 であるという仮説（帰無仮説）に対する検定を行うことができます．従属変数の変動を回帰平方和と残差平方和に分解し，分散比（F 値）を求めて検定します．一般的には 1% または 5% の有意確率で，仮説が正しい（採択）かどうか判断することになります．

仮説が正しい場合は，回帰分析を行うことは不適切であるという結論となります．仮説が否定（棄却）された場合は，独立変数は役に立つことになりますが，すべての独立変数が役に立つということではありませんので，それぞれの偏回帰係数について t 検定等を行い検討する必要があります．

4）決定係数には R^2 という記号が用いられます．

偏回帰係数の解釈（相関関係と因果関係）

重回帰分析を行う場合において，どの独立変数が従属変数に影響を与えているか特定できるため因果関係を想定しがちですが，それが常に正しいとは言えません．説明変数間に相関関係があると偏回帰係数がその影響を受けた値になってしまうことがよくあります．

偏回帰係数の正しい解釈のためには，従属変数と独立変数，独立変数相互間の相関係数についてよく吟味することが必要です．

4.4.3 主成分分析

主成分分析は，多数の変量の間の相関関係に着目し変量に共通する要素を抽出するための分析方法です．

[例] 次のデータは，採用試験の20人の受験者について，英語，一般常識，数学，技術知識の4つの試験科目の得点を並べたものです．

採用試験の成績

	英　語	一般常識	数　学	技術知識
A	92	87	75	63
B	85	78	67	70
C	73	71	65	75
D	76	95	55	63
E	61	60	100	98
F	62	59	100	95
G	79	73	83	89
H	50	55	62	59
I	89	90	92	91
J	100	98	60	67
K	89	90	80	80
L	75	70	78	82
M	50	52	63	69
N	44	43	39	45
O	93	90	89	90
P	39	20	45	50
Q	63	70	25	30
R	45	47	48	42
S	51	49	75	77
T	78	70	39	44

A〜Tまで20人の受験者を4つの試験科目の得点のパターンから分類すると次の5つのタイプがあることがわかります．
  a．どの科目も共通して成績の良いタイプ（I，K，Oなど）
  b．どの科目も共通して成績の悪いタイプ（N，P，Rなど）
  c．英語と一般常識などの事務系の科目の成績は良いが，数学と技術知識などの技術系の成績があまり良くないタイプ（A，Jなど）
  d．技術系の科目の成績は良いが，事務系の科目の成績があまり良くないタイプ（E，Fなど）
  e．特に特徴がない平均的に点をとるタイプ（B，C，G，Lなど）

これらの考察から次の2つの仮説が考えられます．
1) これら4つの試験科目には何か共通要素があって，たとえば「基礎学力」のようなものを測定している（a．，b．から）．
2) これら4つの科目は事務系の学力を測定する科目と技術系の学力を測定する科目の2つのグループに分けられ，この2つの科目グループが測定しているのは，1)の「基礎学力」とは別の学力である（c．，d．から）．

これらの仮説を確認するために，Rコマンダーを用いて主成分分析を行い，表4.5の結果が得られました．

4つの主成分について，それぞれの主成分負荷量，寄与率，累積寄与率が求められます．

表4.5　Rコマンダーを用いた主成分分析の結果

	主成分負荷量			
	第1主成分	第2主成分	第3主成分	第4主成分
英語	−0.50605	−0.48027	0.71640	0.00376
一般常識	−0.48181	−0.53132	−0.69662	0.01605
数学	−0.50140	0.50303	−0.02065	0.70364
技術	−0.51024	0.48373	−0.03240	−0.71035
寄与率	0.66091	0.31491	0.01579	0.00837
累積寄与率	0.66091	0.97583	0.99162	1.00000

寄与率，累積寄与率

寄与率は，各主成分がそれぞれ受けもって表現している情報量を比率で表

現したものです．たとえば，第 1 主成分の値は 0.66091 ですが，これは第 1 主成分が全情報量の 66.091% を集約して表現していることを意味しています．

累積寄与率は，この寄与率を順番に加算し求められ，最大値は 100% となります．

主成分数の決定

主成分の数を決める方法は，いろいろありますが，ここで一般的によく用いられる累積寄与率の値を 80% とする基準を採用すると，第 2 主成分までの累積寄与率は約 97.6% ですので，主成分数は 2 となります．

主成分負荷量

主成分負荷量は，その主成分が何を表しているかを解釈するときの手がかりとなります．

1) 第 1 主成分の主成分負荷量はすべて大きな値を示しています．すなわち，第 1 主成分はもとの変量に共通する「基礎学力」を代表していると考えられます．
2) 第 2 主成分の主成分負荷量は事務系の科目にマイナスの値を持ち，技術系の科目にはプラスの値をもっています．すなわち，第 2 主成分は事務系と技術系の学力を分けるような要素「事務系および技術系学力」を代表するものと考えらます．

以上の結果から，仮説はほぼ妥当であることが確認されました．このように，主成分分析を行うと，もとの 4 つの変量の持つ情報を 2 つの主成分に集約して，それぞれの受験者の特性を把握できます．

情報を集約するという働きは，主成分分析の大きな特徴です．

4.4.4　因子分析

因子分析とは

因子分析とは，複数の項目間に共通して作用する潜在的な要因を探し出そうとする分析です．言いかえれば，相互の関連を数個の因子で説明しようとする分析です．したがって，因子分析の結果で大事なのは，どのような因子

が探し出せたのか，そして，その各因子が質問項目とどのように関連しているのかということです．

論文事例1の記述を見てみると，次のような記述があります．

「第1因子は，『好きな-嫌いな』，『読みやすい-読みにくい』，『美しい-汚い』など，誌面のデザインに対する印象を表現する形容詞から構成されていることから『審美性因子』と命名した．第2因子は，『個性的な-ありきたりな』，『おもしろい-つまらない』，『変化のある-単調な』など，誌面が持つ独自性や特徴を表現する形容詞から構成されていることから『個性因子』と命名した」(p.4)

この記述から，誌面の印象を規定する潜在的な要因として，「審美性因子」と「個性因子」の2つの因子を探し出せたということがわかります．

因子の名称について

因子の名称は，分析者が主観的に，各因子と質問項目との関連に応じて命名します．ただし，命名方法に決まった基準があるわけではありません．因子分析を行う場合，通常はRコマンダー等のソフトウェアを利用して，質問項目と各因子との関連の度合いについての計算結果を得ることができますが，その先の各因子の命名については，分析者に委ねられることになります．各因子を構成している観測変数の因子負荷量の大きさを勘案し，関連する先行研究等を参照しながら，適切に命名します．

因子負荷量について

因子負荷量とは，各因子と各質問項目の関連の度合い（関連性）です．

次の表は，論文事例1での因子分析の結果です（表4.6）．

表4.6 印象評定値に対する因子分析結果（回転後の因子負荷量）（事例1の表1）

	審美性	個性	共通性
審美性			
好きな-嫌いな	.841	.204	.749
読みやすい-読みにくい	.773	.000	.599
美しい-汚い	.753	.134	.585

親しみやすい-親しみにくい	.739	.000	.552
上品な-下品な	.704	.117	.510
散漫な-まとまった	-.605	.374	.506
個性			
個性的な-ありきたりな	.000	.745	.556
変化のある-単調な	.000	.712	.507
おもしろい-つまらない	.337	.710	.617
寄与率	.377	.199	
累積寄与率	.377	.576	

　表の左端に縦に記載されている形容詞対は，質問項目（観測変数）です．

　表の最初の「好きな-嫌いな」という質問項目に対して，審美性因子の因子負荷量は 0.841，個性因子の因子負荷量は 0.204 です．一般に因子負荷量は，1.0 から -1.0 の間で変化しますので，0.841 という数値はかなり関連性が高いとみることができ，この「好きな-嫌いな」という質問項目は，審美性因子と大きく関わっているということがわかります．また，個性因子の因子負荷量は 0.204 ですので，個性因子はこの「好きな-嫌いな」という質問項目とはあまり関連性が無いことがわかります．

　同様に，その後の 5 つの質問項目である「読みやすい-読みにくい」「美しい-汚い」「親しみやすい-親しみにくい」「上品な-下品な」「散漫な-まとまった」も，審美性因子の因子負荷量が高く，個性因子の因子負荷量が低いので，審美性因子と大きく関わっていることがわかります．

　「個性的な-ありきたりな」「変化のある-単調な」「おもしろい-つまらない」については，個性因子の因子負荷量が，審美性因子よりも高いので，個性因子と大きく関わっていることがわかります．

　このように，因子負荷量を通して，各質問項目と各因子との関連性が求められ，その結果から，審美性因子，個性因子という命名となったことがわかります．

〈関連性の判断基準〉

　関連が有るのか無いのかという判断の基準は，因子負荷量を 0.35 または 0.40 を基準とするのが一般的です．

　論文事例 1 では，基準を 0.40 として基準を上回る質問項目を選択し，同

じ因子に関連性があるものをまとめ，因子負荷量が高いものから順番に並べて記載されています．この方法が，最も一般的な方法です．

因子寄与率，累積寄与率

因子負荷量が高い因子がみつかるということは，因子と質問項目との関連性が成立していることになります．言いかえれば，因子負荷量が高いものがたくさんあれば，項目が因子を説明するのに寄与しているという言い方もできます．そこで，因子寄与という言い方がされ，寄与が高いとか低いといった言い方がされます．

因子寄与がどの程度あるかは，因子負荷量で把握できます．各因子の因子負荷量が高ければ，その分各質問項目がその因子を説明するのに寄与していると言えます．

再び，論文事例1の結果（表4.6）をみてみると，一目では，審美性因子と個性因子を比較して，どちらの因子の方が寄与しているかはわかりません．

そこで，因子負荷量を縦方向に合計しますが，因子負荷量には負の値もありますので，単純合計ではなく，2乗して合計，すなわち，因子負荷量の2乗和を計算します．この値を「因子寄与」と言い，求めた因子寄与を因子寄与の最大値である質問項目の数で割り，寄与率が求められます．

たとえば，審美性因子については，縦方向に，0.841，0.773，0.753，0.739……を各々2乗して合計し，質問項目の数である9で割ると 0.377（37.7％）が求められます．同様に，個性因子についても，縦方向に，0.204，0.000，0.134，……を各々2乗合計し，9で割ると，0.199（19.9％）が求められます．

因子寄与の比較から，審美性因子が，個性因子より因子寄与が高いことがわかります．

累積寄与率は，この寄与率を順番に加算し求められ，最大値は100％ですので，抽出された因子全体として，どの程度寄与しているかみることができ，論文事例1の結果では，全体の57.6％まで説明できているという言い方をします．

共通性

因子寄与，寄与率は，因子に着目した場合ですが，各質問項目に着目して

みます．

　質問項目は，共通因子を探るために設けますが，共通因子を反映しない質問項目が出てくることもよくあります．それをみるために，各質問項目の因子負荷量を横方向に合計しますが，因子寄与の場合と同じように各値を2乗して合計します．この値を共通性と言います．

　たとえば，「好きな-嫌いな」について，横方向に，0.841, 0.204 を各々2乗して合計しますと，共通性 0.749 が求められます．同様に，各質問項目ごとについて求めます．

　共通性は，その言葉どおり，共通因子の部分がどの程度であるのかについて示す指標です．共通性は，原則的に最大値が1ですので，共通性の各値を見ていくと，それぞれの質問項目が共通因子を探り出すのにどの程度役立っているのかがわかります．

　因子寄与の最大値は質問項目の数である9でしたが，共通性も各質問項目ごとに最大値が1であり，全質問項目の共通性を合計すると最大で質問項目の数である9になり，因子寄与の合計と等しくなります．

因子数の決定

　因子分析を，回転をかけずに行うと，初期解（最初の結果）が求められます．

　初期解で得られた因子から，因子数を決めなければなりません．因子を選ぶ方法には，固有値の値（回転前の因子寄与）が1以上とするカイザーガットマン基準と呼ばれる方法，固有値の落差の大きいところで決めるスクリープロット基準などの方法があります．どちらの方法も論文によく登場します．

〈回転前の因子負荷量〉

　論文事例1には回転前の因子負荷量は，記載されていませんが，表 4.7 のようになりました．

　横軸に因子1の因子負荷量をとり，縦軸に因子2の因子負荷量をとって，プロットしてみます（図 4.6）．

　この図から，「散漫な-まとまった」（審美性 −0.497，個性 0.509）を除いて，2つの部分でまとまっていることがわかりますが，因子負荷を「単純構造」に近づけるために回転します．

表 4.7　回転前の因子負荷量

	審美性	個性	共通性
審美性			
好きな-嫌いな	.866	.000	.750
読みやすい-読みにくい	.740	−.227	.599
美しい-汚い	.763	.000	.582
親しみやすい-親しみにくい	.736	−.101	.552
上品な-下品な	.712	.000	.507
散漫な-まとまった	−.497	.509	.506
個性			
個性的な-ありきたりな	.147	.731	.556
変化のある-単調な	.185	.688	.507
おもしろい-つまらない	.498	.607	.617
寄与率	.387	.189	
累積寄与率	.387	.576	

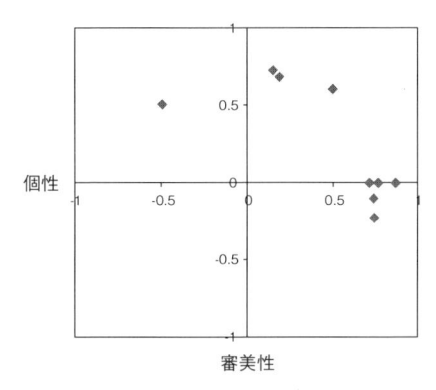

図 4.6　回転前の因子負荷量

単純構造とは，それぞれの項目の因子負荷が特定の因子だけに大きく，残りの因子に対しては非常に小さいような構造です．言いかえれば，「ある質問項目は，因子1だけに負荷があり，別の質問項目は，因子2だけに負荷がある」といった構造（状態）です

直交回転

　論文事例1は，バリマックス回転による因子分析を行いました．
　バリマックス回転は，直交回転，すなわち，2つの因子の軸が直交（90

度）を保ったままの回転の代表的な方法です．この直交回転でできるだけ因子負荷を「単純構造」に近づけるよう回転します．

論文事例1に記載されている「表1」（バリマックス回転後）をもとに，横軸に因子1の因子負荷量をとり，縦軸に因子2の因子負荷量をとって，プロットしてみます（図4.7）．

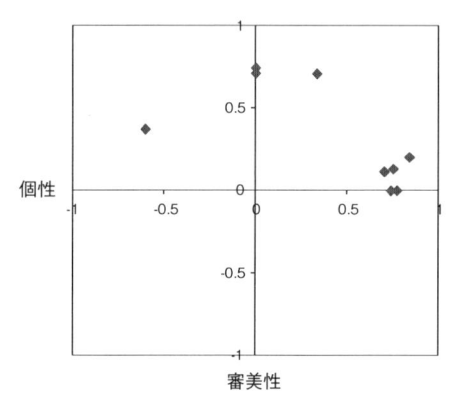

図4.7　バリマックス回転後の因子負荷量

図4.7は，2つの軸を直交回転した結果ですが，回転後の因子によるグラフをみると，多くの評定項目が回転前に比べ，審美性因子および個性因子との相関が高くなり，審美性因子および個性因子ともに，回転することにより因子分析の結果が解釈しやすくなったことがわかります．

斜交回転

論文事例2の中に，「分析1：シルエット画像の印象　印象評定値に対して因子分析（最尤法・プロマックス回転）を行った．その結果2因子が抽出され，因子に含まれる形容詞から判断して『内面魅力因子』『外見魅力因子』と命名した（表1）」（p.15）との記述があります．

表4.8 印象評価に対する因子分析（事例2の表1）
(回転後の因子負荷量)

	内面魅力	外見魅力
内面魅力		
頼もしい-頼りない	.701	.134
心の広い-心の狭い	.698	-.132
幸福な-不幸な	.669	.261
堂々とした-卑屈な	.654	.191
親しみやすい-親しみにくい	.642	.145
陽気な-陰気な	.627	.173
気長な-短気な	.549	-.286
積極的な-消極的な	.432	.409
外見魅力		
おしゃれな-やぼったい	.000	.794
美しい-醜い	.239	.764
清潔な-不潔な	.000	.760
敏感な-鈍感な	-.419	.658
優秀な-無能な	.212	.649
好きな-嫌いな	.388	.617
のんびりした-せかせかした	.553	-.604

　プロマックス回転は，代表的な斜交回転の方法です．直交回転は，2つの因子の軸が直交（90度）を保ったままの回転でしたが，斜交回転は，90度ではありません．

　2つの因子の相関関係が無い場合には2つの軸は直交しますが，相関関係がある場合は，2つの軸は直交しません．直交回転は因子間の相関が無いという仮定において行われる回転ですが，斜交回転は逆に因子間に相関があるものとして解を出します．

　したがって，直交回転は，2つの軸を同時に動かしましたが，斜交回転は，2つの軸を個々に動かし，単純構造を目指します．当然，直交回転より単純構造になりやすくなります．

〈直交回転と斜交回転の比較〉

　通常は，因子同士が完全に無相関になることは考え難く，何らかの相関があると想定するほうが自然ですので，最近では直交回転より斜交回転を優先する傾向が強くなってきています．

しかし，斜交回転の場合は，論文事例2のプロマックス回転の場合の例である表4.8にみられるように，寄与率や累積寄与率に相当する割合が記載されていません．寄与率という割合を計算する基になる最大値（論文事例1の直交回転の場合は9）が特定できないので計算できないからです．

したがって，回転方法の選択は，因子相関の有無，およびそれぞれの回転の特徴を勘案した分析者の判断に委ねられます．

因子得点

因子分析によって因子を抽出した後に，各評定者がそれぞれの刺激をどの程度評価していたのかについて表したものが因子得点です．

したがって，因子得点は各回答者別に算出されます．一人ひとりの回答者に対して，第1因子得点○○点，第2因子得点○○点……と算出されます．

論文事例1の因子分析によって求められた審美性因子，および個性因子の因子得点は，質問の回答者が，審美性因子，および個性因子に対して，どの程度評価しているかを示しています．

因子分析は，どのような因子が存在するのかを探る分析ですが，また，この因子得点がどの程度であるのかについて探るのが目的でもあります．

因子の抽出方法

主因子法（反復主因子法）は，重相関係数の2乗を共通性の推定値として用いて，因子寄与を繰り返して収束するまで計算する方法です．第1因子の因子寄与が最も大きくなるという特徴があります．

最尤法は，変数の単位を変えても，因子構造は変わらないという特徴がありますが，解が収束しなかったり，共通性が1を超えてしまうなどの問題もよく起こります．最尤法は洗練された方法として，コンピュータ性能の向上と共に最近よく利用されるようになりましたが，実際のデータの正規性（正規分布であること）が求められます．正規性が認められない場合は，主因子法を利用した方が無難と言えます．

質問項目の取捨選択

論文事例1に記載された質問項目は9項目です．実は，論文事例1が実際

に使用した質問項目はもっとあったのですが，取捨選択の結果，9項目となりました．論文事例2も同様に取捨選択の結果，15項目になりました．

通常，因子分析をした場合，どの質問項目も，ある1つの因子のみに関連があるような都合のよい結果は出ません．どの因子とも関連が無い（因子負荷量が低い）項目があったり，複数の因子と関連をもっていたりする項目も出てきます．その場合，項目を削除することがあります．論文事例1では，因子負荷量0.40を基準として，どの因子の因子負荷量も0.40より低い項目を削除していることがわかります．

どの因子とも関連があまり無かった項目を削除して，残された項目だけで，もう一度因子分析を行います．因子分析は，1回限り行うものでなく，質問項目を取捨選択しながら，解釈しやすくなるまで何度も因子分析を行う場合もあります．ただし，因子分析には，さまざまな方法がありますので，安易に質問項目を削除せず，それぞれの研究目的に応じて，慎重に取捨選択することが肝要です．

4.4.5 クラスター分析

クラスター分析とは，異なる性質のものが混ざりあっている集団（対象）の中から互いに似たものを集めて集落（クラスター）を作り，対象を分類しようという方法を総称したものです．

このクラスター分析を用いると客観的な基準に従って科学的に分類ができるため，心理学，社会学，認知科学からマーケティングまでさまざまな分野で用いられます．

クラスター分析は大きく，階層的手法と，非階層的手法に分けられ，階層的手法は，さらに凝集型と分岐型に分けられますが，ここでは，よく使用される階層的手法の凝集型について説明します．

具体的な手順は，最初に類似性の定義を行って，サンプル間それぞれの距離を算出し，それに応じてサンプル同士をまとめ（クラスタリング），デンドログラム（樹形図）などで視覚化します．

クラスタリングの方法も，分析や用途に応じてさまざまなものが提唱され，その分類もいろいろありますが，階層的方法には，最短距離法，最長距離法，メディアン法，重心法，群平均法，ウォード法などがあり，データの性質と

グループ分けするための方針により使い分けします．

［例］AからEの5つの企業が製造しているテレビをクラスター分析（群平均法）により分類します．要因は価格と重さの2つです．

	A	B	C	D	E
価格（万円）	10	12	15	20	8
重さ（kg）	10	15	9	13	16

〈基本的な距離（ユークリッド距離）の計算法〉

例として，x, y 座標における（3, 5）と（6, 1）の2点間の距離は，図4.8のように三平方の定理（ピタゴラスの定理）を用いて計算します．

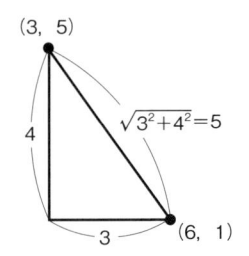

図4.8 ユークリッド距離の計算法

2点の距離は三平方の定理で計算できますが，クラスター分析では複数の点の集合同士の距離を計算する必要があり，そのためには次のような群平均法と呼ばれる計算方法があります．

A（0, 0），B（3, 4）とC（5, 12），D（8, 6）があるとき，クラスター（グループと同義）ABとクラスターCDの距離を求めることを考えます．

最初に，AとC，AとDの距離を計算します．

$$AC = \sqrt{(5-0)^2 + (12-0)^2} = 13$$
$$AD = \sqrt{(8-0)^2 + (6-0)^2} = 10$$

同じようにBとC，BとDを計算すると，

$$BC = \sqrt{(5-3)^2 + (12-4)^2} \fallingdotseq 8.25$$
$$BD = \sqrt{(8-3)^2 + (6-4)^2} \fallingdotseq 5.39$$

となり，これら4つの平均が，クラスターABとクラスターCDの平均距離

になりますので，
$$平均距離 = (13 + 10 + 8.25 + 5.39) \div 4 \fallingdotseq 9.16$$
となります．

これらの計算法を用いて，例題をクラスター分析により分類します．

1) 最初に5つの企業の距離をすべて計算します．

	A	B	C	D
B	5.39			
C	5.10	6.71		
D	10.44	8.25	6.40	
E	6.32	4.12	9.90	12.37

一番距離が短いのはBとEの4.12ですので，この2企業をまとめて1つのクラスターにします．

2) BEをクラスターにした後の距離は次のようになります．

	A	C	D
C	5.10		
D	10.44	6.40	
BE	5.86	8.31	10.31

AとBEの距離は，$(5.39 + 6.32) \div 2 \fallingdotseq 5.86$ です．
同様に，CとBEは8.31，DとBEは10.31となります．
一番距離が短いのはAとCの5.10ですので，この2企業をまとめて1つのクラスターにします．

3) ACを1つのクラスターにした後の距離を計算します．

	D	BE
BE	10.31	
AC	8.42	7.08

BEとACの距離は，$(5.39 + 6.71 + 6.32 + 9.90) \div 4 = 7.08$ です．
一番距離が短いのはBEとACの7.08ですので，この4企業をまとめて1

つのクラスターにします．

4) BEAC を1つのクラスターにして D との距離を計算します．

	D
BEAC	9.37

$$(10.44 + 8.25 + 6.40 + 12.37) \div 4 ≒ 9.37$$

5) 最後に，デンドログラム（樹形図）を描くと図 4.9 のようになります．

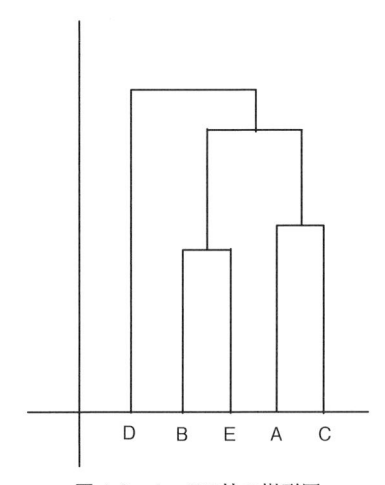

図 4.9　A～E 5 社の樹形図

論文事例1には，次のように記述されています．
「分析2：印象の類似度（クラスター分析）　因子分析により抽出された『審美性因子』，『個性因子』の2つの軸に基づいて刺激を分類するため，各因子の因子得点を用いてウォード法平方ユークリッド距離によるクラスター分析を行った．その結果として得られたデンドログラムを基に，15個の刺激を4つのクラスターに分類した（図1）．クラスター1は刺激1, 2, 5, クラスター2は刺激3, 4, 6, 11, クラスター3は刺激15のみ，クラスター4は刺激7, 8, 9, 10, 12, 13, 14 で構成された」(p.5)

この記述から，15の刺激について，クラスター分析を行い，大きく4つのクラスターに分類されたことがわかります．

　クラスタリングの方法として用いられたウォード法は，バランスがとれた方法と考えられ，比較的用いられることの多い手法です．

第5章
Rコマンダーを用いたデータ分析

この章では，統計解析ソフト「Rコマンダー」の使用方法を紹介します．実験や調査で得られたデータを分析して論文にまとめていくときに役立つ章になります．第4章で紹介した統計手法を実際に行う際の具体的な手順を例題形式で解説します．

132　第5章　Rコマンダーを用いたデータ分析

　Rはフリーウェアの統計解析用プログラミング言語として世界で広く利用されています．RコマンダーはRの機能の一部として，よく使われる統計手法の機能をまとめた，クリック操作によってデータの分析を容易に行える有益なソフトウェアです．本章ではRコマンダーを用いたデータの分析方法について解説します．

　（RおよびRコマンダーの詳しいインストール方法や動作環境については巻末の付録1を参照してください．）

5.1　Rコマンダーで分析をする

5.1.1　Rコマンダーを起動する

　Rを起動し，「R Console」に"library（Rcmdr）"と入力し，「エンターキー」を押します．

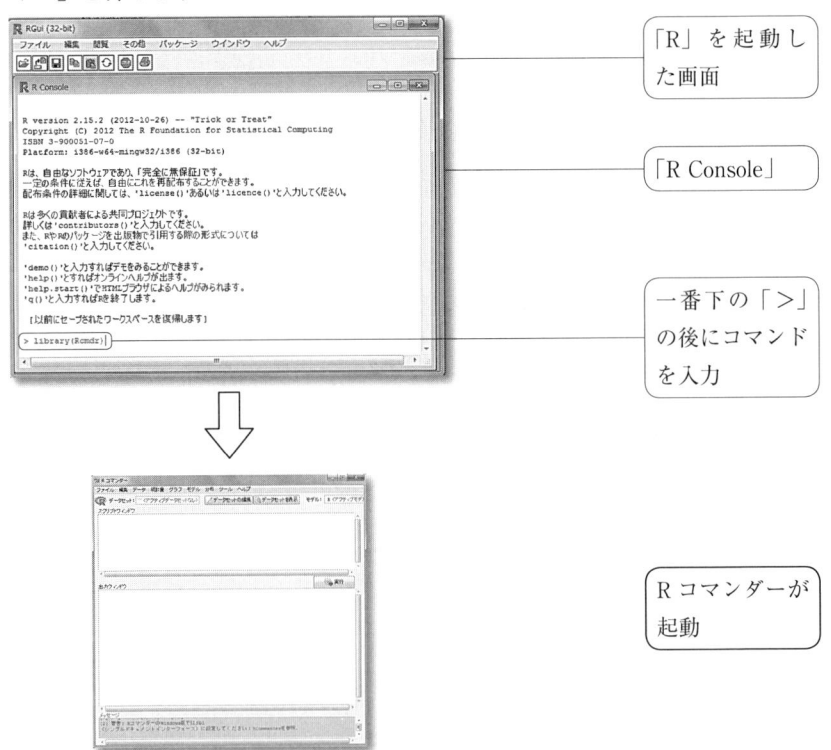

「R」を起動した画面

「R Console」

一番下の「>」の後にコマンドを入力

Rコマンダーが起動

5.1.2 Rコマンダーで扱える分析手法

Rコマンダーでは，さまざまな分析手法が用意されています．メニューの「統計量」を選択すると次の8つの分析メニューが表示されます．

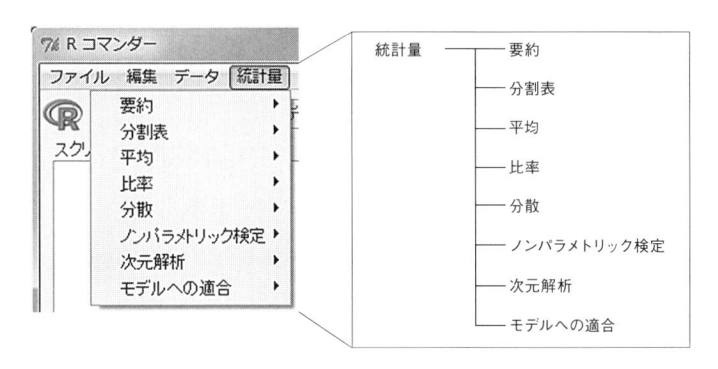

分析メニューの中から，さらに細かく目的に応じた手法を選択します．本章では，第4章で取り上げた分析事例を中心にRコマンダーの使い方について紹介します．下図の中で，枠で囲まれた手法が今回紹介する分析手法です．

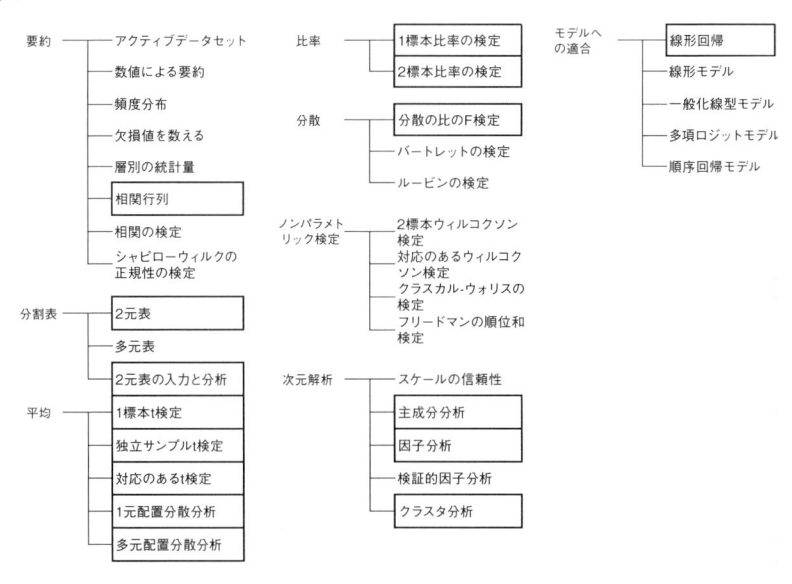

5.1.3 Rコマンダーを用いた分析の手順

本章では，以下に示した手順で説明します．

(1) データの準備 (E)

Excelなどの表計算ソフトを使って，データを準備します．
・Excelでの操作は以下（E）と表記

(2) データのインポート (R)

準備したデータをRコマンダーに移します．
必要に応じて，因子の変換を行います．
・Rコマンダーでの操作は以下（R）と表記

(3) 分析の操作 (R)

実際にRコマンダーを操作する手順を示します．

(4) 結果の見方

出力された結果については，各分析での結果の解釈に必要な部分について解説を行います．

5.2 Excelでのデータの準備

Rコマンダーで分析を行うには，それぞれの手法に応じたデータの並べ方があります．ここではExcelを利用したデータの並べ方について説明します．

データの対応のある/なしとデータの並べ方

対応のあるデータとは，「反復要因」や「繰り返し要因」と呼ばれるように，各実験参加者からそれぞれ複数回データを得ている場合を指します．一方，対応のないデータとは，異なる実験参加者から得られたデータを比較する場合を指します．
（詳しくは4.3.4項を参照してください）
それぞれの分析において，大事な原則は次の点です．

「対応のあるデータはヨコに並べる」
「対応のないデータはタテに並べる」

①対応のあるデータの並べ方

実験の前後で評価を比較したい場合など，対応のあるデータは2列にし，ヨコ方向に見るとデータが対応しているように並べます．

②対応のないデータの並べ方

1列目にデータを区別するための性別などのラベルを入力し，2列目には分析に用いる評価値などのデータを入力します．以下同様に，タテ方向に入力します．ここでは男性を1，女性を2のように名義尺度に変換して入力します．

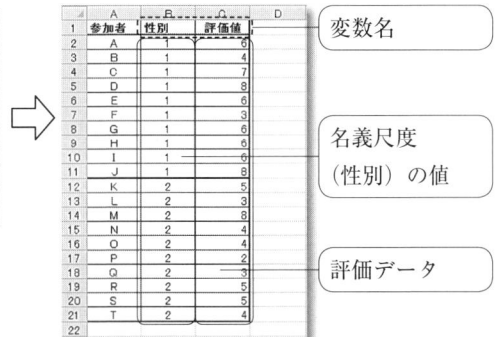

―― コラム　セル・行・列 ――

Excel等の表計算ソフトは下図のように沢山の四角が並んでいます．この四角1つ1つを"セル"と呼びます．

一番上を見ると「A，B，C，…」とアルファベットが並んでいます．このアルファベットが各"列"を表し，「Aの列」，「Bの列」といったように

タテ方向にまとまっています．左端には「1, 2, 3, ……」と数字が並んでいます．この数字を"行"と呼びます．「1の行」，「2の行」といったように，ヨコ方向のまとまりを示しています．

この"行と列"の概念はとても重要です．

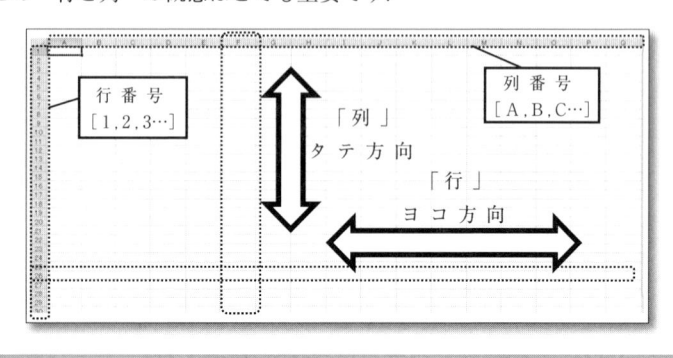

5.3 Rコマンダーへのデータのインポート

Rコマンダーで分析を行うことができるように，外部からデータを取り込みます．

5.3.1 インポート操作

インポート方法は，4.3.4項「2群の平均値の差の検定（対応のない場合）」のデータを参考に解説します．

Excelでの作業（E）

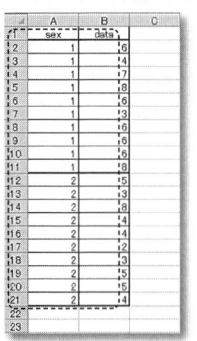

変数名から数値のデータまでをすべてコピーします．この例では［A1］から［B21］までの範囲を使用します．

5.3 Rコマンダーへのデータのインポート 137

―――― コラム　データのコピーとクリップボード ――――
　コピーしたデータは「クリップボード」という場所に保存されています．ここで紹介するインポート方法では，Excelのデータを一時的にクリップボードに入れて，そこからRコマンダーに移します．

Rでの作業（R）

　Rコマンダーでは，基本的にはクリック操作のみで分析が可能です．データのインポート，分析などのすべての機能は「メニュー」の中に入っています．

（1）Rコマンダーにインポートする操作（R）

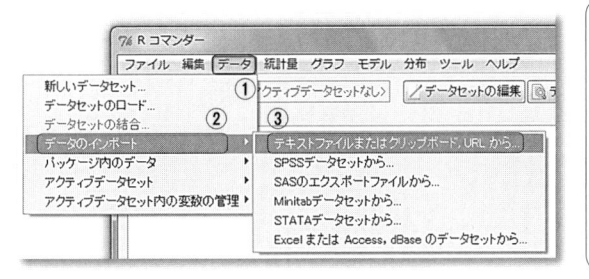

操作する手順
① 「データ」→
② 「データのインポート」→
③ 「テキストファイルまたはクリップボード，URLから」

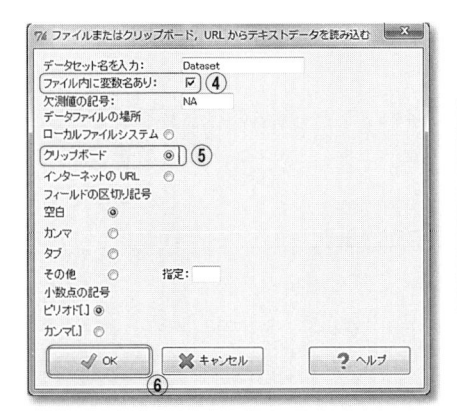

操作する手順
④ ファイル内に変数名あり：チェックの有無を確認
⑤ データファイルの場所：「クリップボード」にチェック
⑥ 「OK」をクリック

すでに同じ名前のデータセットが存在する場合は上のウィンドウが表示されます．データセット（前回インポートしたデータ）が不要な場合は「Yes」をクリックして上書きします．必要な場合は「No」をクリックして，新たなデータセット名を入力します．

操作する手順
⑦変数の上書き：
「Yes」をクリック

―― コラム 「ファイル内に変数名あり」のチェックについて ――
「ファイル内に変数名あり」にチェックすると，Excelでコピーした範囲の列の一番上にあるセルを，その列の変数名として扱います．
列の一番上のセルに変数名を入力している場合はチェックします．
変数名を入力していないデータのときにチェックをすると，データであるはずの数値が変数名となり，データが1つ足りなくなってしまいます．

(2) インポートされたデータ数の確認（R）

インポートされたデータ数が正しいかを確認するためには，Rコマンダーの「メッセージ」を確認します．

ここでは，データセット名は変えずに「Dataset」としていたので，メッセージには「[3] メモ：データセット Dataset には 20 行，2 列あります．」と表示されます．

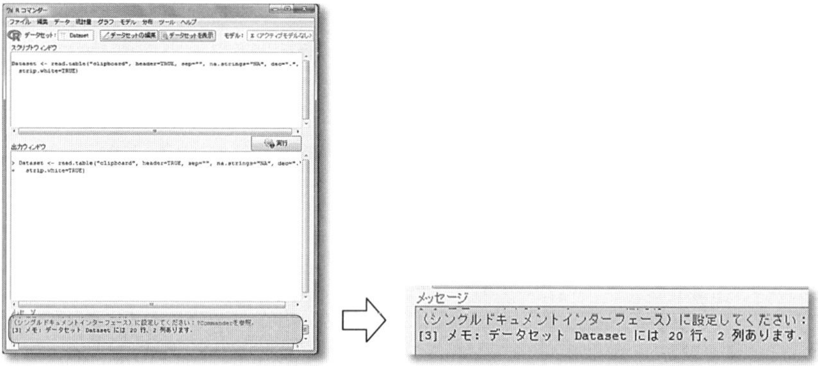

(3) アクティブデータセットの確認 (R)

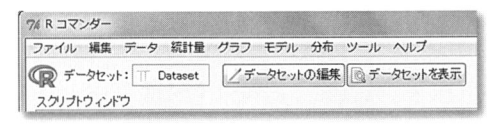

メニューの「データセットを表示」をクリックすると，「アクティブデータセット」が開きます．

インポートされたデータはこのアクティブデータセットに保存され，分析はここに入力されているデータを使用して行います．

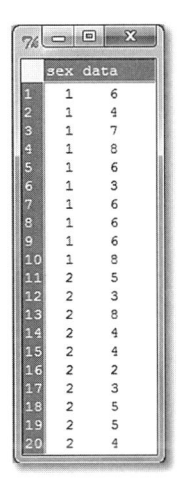

5.3.2 因子の変換

名義尺度と分析に使用する量的尺度の違いを明らかにするために，因子の変換を行います．

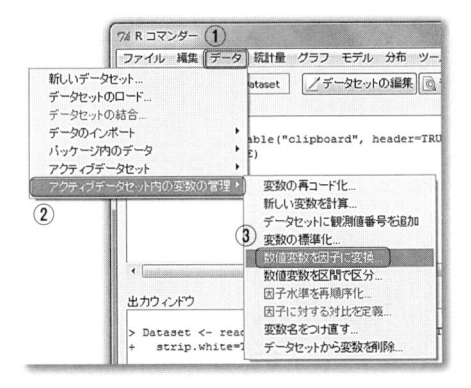

操作する手順
① 「データ」→
② 「アクティブデータセット内の変数の管理」→
③ 「数値変数を因子に変換」

操作する手順
④ 変数：「sex」
⑤ 因子水準：「数値で」
⑥ 「OK」をクリック

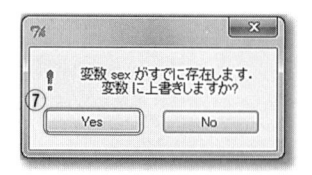

操作する手順
⑦変数の上書き： 「Yes」をクリック

5.4 統計的検定

5.4.1 母平均の検定（母分散が未知のとき）

［例］大学生 14 人の身長データです．母集団については，母平均は 176.2 cm ですが，母分散はわかっていません．標本平均は母平均と異なると言えるでしょうか．

| 180.2 | 173.3 | 177.3 | 173.2 | 173.9 | 162.4 | 161.2 |
| 182.5 | 169.5 | 171.4 | 173.9 | 183.1 | 168.6 | 164.6 |

※ 4.3.3 項参照

(1) データの準備（E）

・1 行目には変数の名前「height」を入力
・データは，列（タテ）方向に入力

(2) データのインポート（R）

［A1］から［A15］までのデータをインポートします．
（データのインポートは 5.3 節，p.136 参照）

(3) 分析の操作（R）

「統計量」→「平均」→「1 標本の t 検定」を選択すると，次の「1 標本の t 検定」のウィンドウが表示されます．

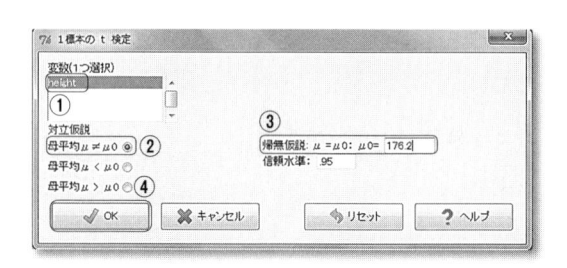

操作する手順
① 変数：
　「height」
② 対立仮説：
　「母平均 $\mu \neq \mu 0$」
③ 帰無仮説：「176.2」
④ 「OK」をクリック

(4) 結果の見方（R）

t = -2.0052, df = 13, p-value = 0.06622

t：t 値（-2.0052）
df：自由度（13）
p-value：有意確率（0.06622）

有意確率が「0.06622」となり，0.05 よりも大きな値となりますので 5% 水準においては母平均と有意な差が見られませんが，0.1 よりも小さな値となることから 10% 水準において，有意傾向が見られます．論文には「$t_{(13)}$ = -2.005, $p < .10$」のように記述します．

5.4.2　2 群の平均値の差の検定（対応のない場合）

［例］新製品の好感度における男女間の違いについて調べるため 10 点満点にて調査しました．男女別各 10 人の評価は次のとおりです．男女間における評価の違いはあるでしょうか．

(点)

男性	6	4	7	8	6	3	6	6	6	8
女性	5	3	8	4	4	2	3	5	5	4

※ 4.3.4 項参照

(1) データの準備（E）

・1行目には変数の名前「sex」「data」を入力
・1列目：実験参加者の性別（sex）を名義尺度に変換して入力
　　男性：1
　　女性：2
・2列目：評価値（data）を入力

(2) データのインポート（R）

［A1］から［B21］までのデータをインポートします．
「sex」は名義尺度ですので，「sex」を数値で因子に変換します．
（データのインポート，因子の変換は5.3節，p.136参照）

(3) 分析の操作

「統計量」→「平均」→「独立サンプルt検定」を選択すると，次の「独立サンプルt検定」のウィンドウが表示されます．

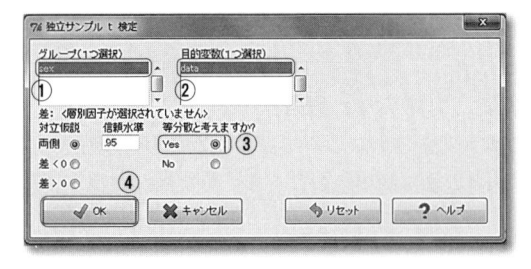

操作する手順
① グループ：「sex」
② 目的変数：「data」
③ 等分散と考えますか？
　：「Yes」
④ 「OK」をクリック

(4) 結果の見方（R）

t = 2.3753, df = 18, p-value = 0.02885

t：t値（2.3753）
df：自由度（18）
p-value：有意確率（0.02885）

有意確率が「0.02885」となり，0.05よりも小さな値となりますので，5%水準において男女間における評価の違いに有意な差が見られます（$t_{(18)} = 2.375$, $p < .05$）．

注）2群の母分散が等しくないときは，ウェルチの t 検定を行うことができます．詳細は，参考文献を参照してください．

5.4.3　2群の対応のある平均値の差の検定

［例］新製品の好感度において，商品説明の前後による評価の違いについて調べるため，10点満点にて調査しました．10人の各評価は次のとおりです．商品説明の前後に評価の違いはあるでしょうか．

(点)

説明前	6	3	8	5	7	2	5	7	6	7
説明後	7	3	9	3	9	2	4	9	9	7

※4.3.5項参照

(1) データの準備（E）

・1行目には変数の名前「before」「after」を入力

(2) データのインポート（R）

［A1］から［B11］までのデータをインポートします．
（データのインポートは5.3節，p.136参照．）

(3) 分析の操作（R）

「統計量」→「平均」→「対応のある t 検定」を選択すると，次の「対応のある t 検定」のウィンドウが表示されます．

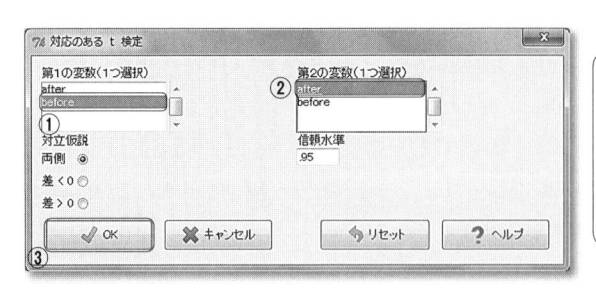

(4) 結果の見方（R）

```
t = -1.2603, df = 9, p-value = 0.2393
```

t：t 値（−1.2603）
df：自由度（9）
p-value：有意確率（0.2393）

　有意確率が「0.2393」となり，0.05 よりも大きな値となりますので，5%水準においては商品説明前後における評価に有意な差は見られません（$t_{(9)} = -1.260$, $n.s.$）．

5.4.4 分散比の検定（F 検定）

［例］新製品の好感度における男女間の違いについて調べるため10点満点にて調査しました．男女別各10人の評価は次のとおりです．男女間における評価の違いはあるでしょうか．

(点)

男性	6	4	7	8	6	3	6	6	6	8
女性	5	3	8	4	4	2	3	5	5	4

※ 4.3.6 項参照

(1) データの準備（E）

・1行目には変数の名前「sex」「data」を入力
・1列目：実験参加者の性別（sex）を名義尺度に変換
　して入力
　　男性：1
　　女性：2
・2列目：評価値（data）を入力

(2) データのインポート（R）

［A1］から［B21］までのデータをインポートします．
「sex」は名義尺度ですので，数値で因子に変換します．
（データのインポート，因子の変換は5.3節，p.136参照）

(3) 分析の操作（R）

「統計量」→「分散」→「分散比のF検定」を選択すると，次の「2つの分散の比のF検定」のウィンドウが表示されます．

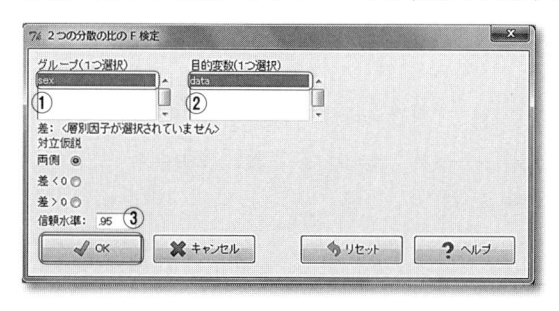

|操作する手順|
①グループ：「sex」
②目的変数：「data」
③「OK」をクリック

(4) 結果の見方（R）

```
F = 0.9129, num df = 9, denom df = 9, p-value = 0.8942
```

F：F値（0.9129）
num df：分子の自由度（9）
denom df：分母の自由度（9）
p-value：有意確率（0.8942）

　有意確率が「0.8492」となり，0.05よりも大きな値となりますので，5%水準において男女間における評価の違いに有意な差は見られません．論文には「$F_{(9,9)}=0.913, n.s.$」のように記述します．

5.4.5　1要因分散分析（1元配置分散分析）

［例］ある商品の好感度について，東京，大阪，福岡の3地域の大学生5人について調査を行いました．地域の違いにより好感度は異なるでしょうか．

好感度　　（10点満点）

	東京	大阪	福岡
学生1	7	8	6
学生2	6	5	5
学生3	7	6	4
学生4	5	6	4
学生5	8	7	5

※4.3.7項参照

(1) データの準備（E）

	A	B
1	area	data
2	1	7
3	1	6
4	1	7
5	1	5
6	1	8
7	2	8
8	2	5
9	2	6
10	2	6
11	2	7
12	3	6
13	3	5
14	3	4
15	3	4
16	3	5

・1行目には変数の名前「area」「data」を入力
・1列目：地域（area）を名義尺度として入力
　　東京：1
　　大阪：2
　　福岡：3
・2列目：評価値（data）を入力

5.4 統計的検定　147

コラム　分散分析におけるデータの対応のある/なし

　本章で紹介している分散分析については，1要因の分散分析，2要因の分散分析共に「対応のない」データを対象にしています．Rコマンダーで扱える分散分析では，「対応のある」データの分析を行うことができません．「対応のある」データについて分析を行う場合には，「R」などの他のソフトウェアを使用します．

---

(2) データのインポート (R)

[A1] から [B16] までのデータを入力します．

「area」が名義尺度であるため，数値で因子に変換します．

(データのインポート，因子の変換は5.3節，p.136参照)

(3) 分析の操作 (R)

「統計量」→「平均」→「1元配置分散分析」を選択すると，次の「1元配置分散分析」のウィンドウが表示されます．

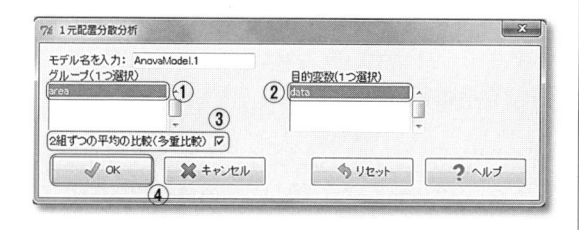

操作する手順
① グループ：「area」
② 目的変数：「data」
③ 2組ずつの平均の比較（多重比較）：「チェック」
④ 「OK」をクリック

(4) 結果の見方 (R)

分散分析結果

```
          Df Sum Sq Mean Sq F value Pr(>F)
area       2  9.733   4.867   4.424 0.0364 *
Residuals 12 13.200   1.100
---
Signif. codes:  0 '***' 0.001 '**' 0.01 '*' 0.05 '.' 0.1 ' ' 1
```

> Df：自由度 (2,12)
> F value：F 値 (4.424)
> Pr（>F）：有意確率 (0.0364)
> Residuals：誤差

有意確率が「0.0364」となり，0.05 よりも小さな値となりますので，5%水準において地域の違いによる好感度の評価に有意な差が見られます（$F_{(2,12)}=4.424$, $p<.05$）．

多重比較結果

```
Linear Hypotheses:
            Estimate Std. Error t value Pr(>|t|)
2 - 1 == 0  -0.2000     0.6633  -0.302   0.9513
3 - 1 == 0  -1.8000     0.6633  -2.714   0.0462 *
3 - 2 == 0  -1.6000     0.6633  -2.412   0.0781 .
---
Signif. codes:  0 '***' 0.001 '**' 0.01 '*' 0.05 '.' 0.1 ' ' 1
(Adjusted p values reported -- single-step method)
```

> 東京：1，大阪：2，福岡：3 としたので，
> 2-1 は「大阪－東京」のペアを示す．
> t value：t 値 (−0.302 など)
> Pr（>|t|）：有意確率 (0.9513 など)

3-1（福岡－東京）では有意確率が「0.0462」となり，0.05 よりも小さな値となりますので，5%水準において福岡と東京の好感度の違いにおいて有意な差が見られます（$p<.05$）．また，3-2（福岡－大阪）は有意確率が「0.0781」となり，0.1 よりも小さな値となりますので，10%水準において大阪と福岡の好感度の違いには有意傾向が見られます（$p<.10$）．

注）R コマンダーでは多重比較の方法として Tukey 法を採用しています．

5.4.6　2 要因分散分析

［例］高校生の男子において，部活（文芸部とバスケット部）と学年（1 年生と 3 年生）を要因として身長を比較することにしました．これらの部活と学年によって身長に違いはみられるでしょうか．

(cm)

文芸部				バスケ部			
1年生		3年生		1年生		3年生	
学生1	159	学生6	174	学生11	179	学生16	180
学生2	161	学生7	168	学生12	165	学生17	170
学生3	168	学生8	176	学生13	159	学生18	165
学生4	156	学生9	169	学生14	168	学生19	171
学生5	155	学生10	173	学生15	172	学生20	173

(1) データの準備 (E)

・1行目には変数の名前「bukatu」「gakunen」「data」を入力
・1列目：部活（bukatu）を名義尺度に変換して入力
　　文芸部：1
　　バスケット部：2
・2列目：学年（gakunen）を名義尺度に変換して入力
　　1年生：1
　　3年生：3
・3列目：身長（data）データを入力

	A	B	C	D
1	bukatu	gakunen	data	
2	1	1	159	
3	1	1	161	
4	1	1	168	
5	1	1	156	
6	1	1	155	
7	1	3	174	
8	1	3	168	
9	1	3	176	
10	1	3	169	
11	1	3	173	
12	2	1	179	
13	2	1	165	
14	2	1	159	
15	2	1	168	
16	2	1	172	
17	2	3	180	
18	2	3	170	
19	2	3	165	
20	2	3	171	
21	2	3	173	
22				

(2) データのインポート (R)

「bukatu」，「gakunen」，「data」の3列分のデータをインポートします．「bukatu」，「gakunen」の2つは名義尺度ですので，数値で因子に変換します．

（データのインポート，因子の変換は5.3節，p.136参照）

(3) 分析の操作 (R)

「統計量」→「平均」→「多元配置分散分析」を選択すると，次の「多元配置分散分析」のウィンドウが表示されます．

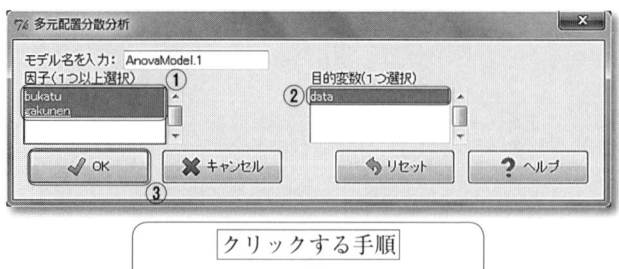

```
多元配置分散分析
モデル名を入力: AnovaModel.1
因子(1つ以上選択) ①          目的変数(1つ選択) ②
  bukatu                      data
  gakunen

  ✓ OK    ✗ キャンセル    リセット    ? ヘルプ
       ③
```

クリックする手順
①因子:「bukatu」,「gakunen」
②目的変数:「data」
③「OK」をクリック

(4) 結果の見方 (R)

```
Response: data
               Sum Sq Df F value   Pr(>F)
bukatu          92.45  1  2.9775 0.103689
gakunen        296.45  1  9.5475 0.007027 **
bukatu:gakunen 101.25  1  3.2609 0.089799 .
Residuals      496.80 16
---
Signif. codes:  0 '***' 0.001 '**' 0.01 '*' 0.05 '.' 0.1 ' ' 1
```

Df:自由度 (1 など)
F value:F値 (2.9775 など)
Pr (>F):有意確率 (0.103689 など)
Residuals:誤差

有意確率を見ると,「bukatu」の主効果については,有意な差が見られませんが,「gakunen」の主効果については「0.007」となり,0.01よりも小さな値ですので,1%水準において有意な差が見られます.また,部活と学年の交互作用については,「0.089」となり,0.1よりも小さな値となりますので,10%水準において有意な差が見られます.

まとめると以下のように表記されます.

bukatu の主効果:($F_{(1,16)} = 2.978$, $n.s.$)
gakunen の主効果:($F_{(1,16)} = 9.548$, $p < .01$)
交互作用:($F_{(1,16)} = 3.261$, $p < .10$)

5.4.7 分割表の検定（カイ2乗検定）

分割表の検定では，データの入力方法が2通りあります．

［例］大学生81人の学年別運転免許保有数は次のとおりです．学年により免許保有率に差があるでしょうか．

（人）

	1年生	2年生	3年生	4年生	計
免許有り	5	11	9	18	43
免許無し	13	12	5	8	38
計	18	23	14	26	81

※4.3.8項参照

2元表を用いる場合

(1) 分析の操作（R）

「統計量」→「分割表」→「2元表の入力と分析」を選択すると，次の「2元表を入力」のウィンドウが表示されます．

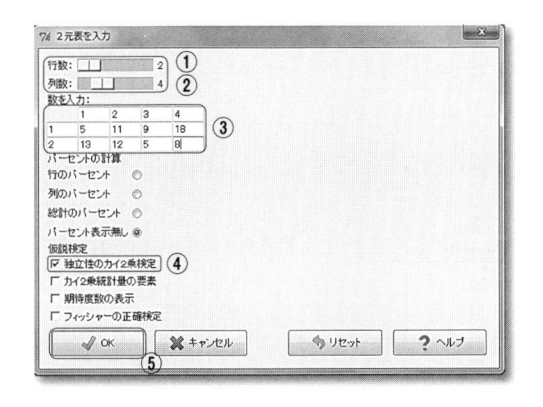

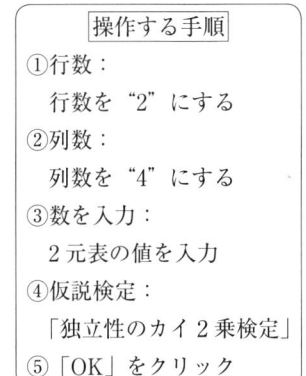

操作する手順

① 行数：
　行数を"2"にする
② 列数：
　列数を"4"にする
③ 数を入力：
　2元表の値を入力
④ 仮説検定：
　「独立性のカイ2乗検定」
⑤ 「OK」をクリック

(2) 結果の見方（R）

```
        Pearson's Chi-squared test
data:  .Table
X-squared = 8.3111, df = 3, p-value = 0.04
```

X-squared：カイ2乗値（8.3111）
df：自由度（3）
p-value：有意確率（0.04）

有意確率が「0.04」となり，0.05よりも小さな値となるので5%水準で学

年により免許保有率に違いが見られます（$\chi^2_{(3, N=81)} = 8.311$, $p < .05$）.

ローデータを用いる場合

2元表が得られていない場合は，以下のようにデータを入力することにより，分析を行うことができます．

(1) データの準備 (E)

gakunen	menkyo
1	1
〜	
1	1
1	0
〜	
1	0
2	1
〜	
2	1
2	0
〜	
2	0
3	1
〜	
3	1
3	0
〜	
3	0
4	1
〜	
4	1
4	0
〜	
4	0

・1行目には変数の名前「gakunen」「menkyo」を入力
・1列目：学年（gakunen）を名義尺度に変換して入力
　1年生：1
　2年生：2
　3年生：3
　4年生：4
・2列目：免許の有無（menkyo）を名義尺度に変換して入力
　免許を持っている：1
　免許を持っていない：0

(2) データのインポート (R)

「gakunen」，「menkyo」の2列分のデータをインポートします．
「gakunen」，「menkyo」を因子に変換します．
（データのインポート，因子の変換は5.3節，p.136参照）

(3) 分析の操作 (R)

「統計量」→「分割表」→「2元表」を選択すると，次の「2元表」のウィンドウが表示されます．

5.4 統計的検定　153

操作する手順
①行の変数：「gakunen」
②列の変数：「menkyo」
③仮説検定：
　「独立性のカイ2乗検定」
④「OK」をクリック

(4) 結果の見方 (R)

出力される結果は「2元表を用いる場合」と同様です．

5.4.8　フィッシャーの正確確率検定

［例］次のクロス表から，社会人／学生と新聞の選択との間に関連があるといえるでしょうか．

(人)
	経済紙	スポーツ紙	計
会社員	13	4	17
大学生	7	14	21
合計	20	18	38

※4.3.9項参照

直接数値を入力して分析を行います．

(1) 分析の操作 (R)

「統計量」→「分割表」→「2元表の入力と分析」を選択すると，次の「2元表の入力」のウィンドウが表示されます．

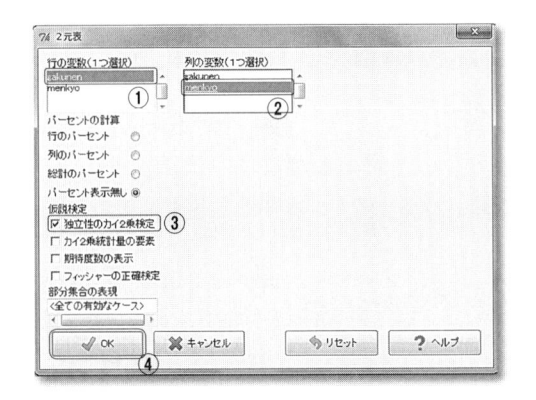

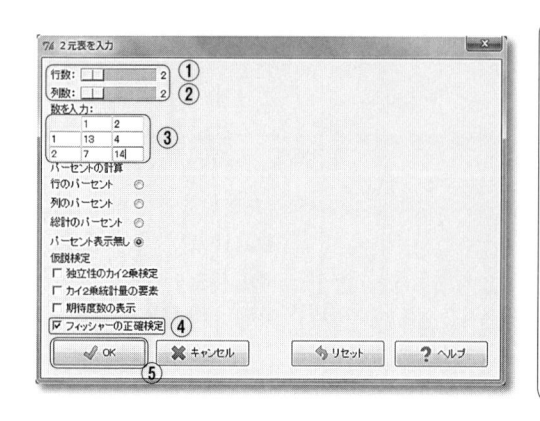

154　第5章　Rコマンダーを用いたデータ分析

|操作する手順|
|①行数：|
|　行数を"2"にする|
|②列数：|
|　列数を"2"にする|
|③数を入力：|
|　2元表の値を入力|
|④仮説検定：|
|　「フィッシャーの正確検定」|
|⑤「OK」をクリック|

(2) 結果の見方 (R)

```
        Fisher's Exact Test for Count Data
data:  .Table
p-value = 0.011
```

p-value：有意確率（0.011）

有意確率が「0.011」となり，0.05よりも小さな値となりますので，5%水準において社会人／学生と新聞との間に関連が見られます（$p<.05$）.

5.4.9　母比率の検定

［例］大学生を対象としたある資格試験の合格率は30%です．ある大学の受験者数は30人，合格者は18人でした．この大学の合格率は，受験者全体と比較して違いがあると言えるでしょうか．

※ 4.3.10 項参照

5.4 統計的検定　155

(1) データの準備 (E)

・1行目には変数の名前「goukaku」を入力
・合格者数/不合格者数（goukaku）を名義尺度に変換して入力
　　合格者：1
　　不合格者：0

	A	B
1	goukaku	
2	1	
3	1	
4	1	
5	1	
6	1	
7	1	
8	1	
9	1	
10	1	
11	1	
12	1	
13	1	
14	1	
15	1	
16	1	
17	1	
18	1	
19	1	
20	0	
21	0	
22	0	
23	0	
24	0	
25	0	
26	0	
27	0	
28	0	
29	0	
30	0	
31	0	
32		

(2) データのインポート (R)

［A1］から［A31］までのデータをインポートします．
「goukaku」は名義尺度ですので，数値で因子に変換します．
（データのインポート，因子の変換は5.3節，p.136参照）

(3) 分析の操作 (R)

「統計量」→「比率」→「1標本の比率の検定」を選択すると，次の「1標本の比率の検定（母不良率の検定）」のウィンドウが表示されます．

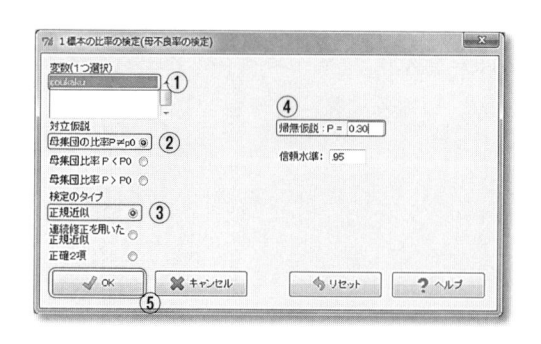

操作する手順
①変数：
「goukaku」
②対立仮説：
「母集団の比率 P ≠ p0」
③検定のタイプ：
「正規近似」
④帰無仮説：「P = 0.30」
⑤「OK」をクリック

(4) 結果の見方（R）

```
X-squared = 1.4286, df = 1, p-value = 0.232
```

X-squared：カイ2乗値（1.4286）
df：自由度（1）
p-value：有意確率（0.232）

有意確率が「0.232」となり，0.05 よりも大きな値となりますので，5％水準において受験者全体と比較して合格率（30％）と有意な差は見られません（$\chi^2_{(1, N=40)} = 1.429$, $n.s.$）．

5.4.10 2群の比率の差の検定

［例］ある大学の好感度について高校生に調査したところ，男子 20 人中 9 人が，女子 20 人中 15 人が好感をもっているという結果が得られました．男女間に好感度の違いがあるといえるでしょうか．

※ 4.3.11 項参照

5.4 統計的検定　157

(1) データの準備 (E)

・1行目には変数の名前「sex」「data」を入力
・1列目：性別（sex）を名義尺度に変換して入力
　　男性：1
　　女性：2
・2列目：好感度（data）を名義尺度に変換して入力
　　好感をもっている：1
　　好感をもっていない：0

	A	B	C
1	sex	data	
2	1	1	
3	1	1	
4	1	1	
5	1	1	
6	1	1	
7	1	1	
8	1	1	
9	1	1	
10	1	1	
11	1	1	
12	1	1	
13	1	1	
14	1	1	
15	1	1	
16	1	1	
17	1	0	
18	1	0	
19	1	0	
20	1	0	
21	1	0	
22	2	1	
23	2	1	
24	2	1	
25	2	1	
26	2	1	
27	2	1	
28	2	1	
29	2	1	
30	2	1	
31	2	0	
32	2	0	
33	2	0	
34	2	0	
35	2	0	
36	2	0	
37	2	0	
38	2	0	
39	2	0	
40	2	0	
41	2	0	
42			

(2) データのインポート (R)

［A1］から［B41］までのデータを入力します．
「sex」,「data」どちらも名義尺度であるため，数値で因子に変換します．
（データのインポート，因子の変換は5.3節，p.136参照）

(3) 分析の操作 (R)

「統計量」→「比率」→「2標本の比率の検定」を選択すると，次の「2標本の比率の検定」のウィンドウが表示されます．

158 第5章 Rコマンダーを用いたデータ分析

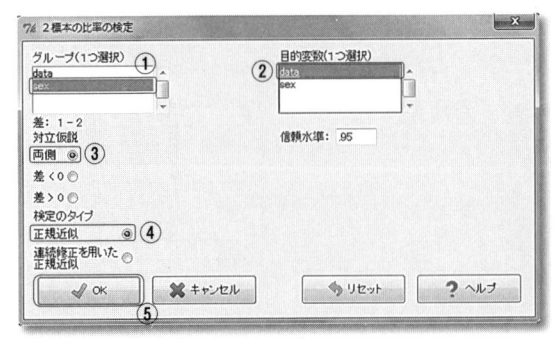

操作する手順
① グループ:「sex」
② 目的変数:「data」
③ 対立仮説:「両側」
④ 検定のタイプ:
　「正規近似」
⑤「OK」をクリック

(4) 結果の見方 (R)

```
X-squared = 3.75, df = 1, p-value = 0.05281
```

X-squared:カイ2乗値 (3.75)
df:自由度 (1)
p-value:有意確率 (0.05281)

有意確率が「0.05281」となり，0.05よりも大きな値ですので，5%水準においては男女間における好感度に有意な差は見られませんが，0.1よりも小さな値となることから，10%水準においては有意な違いが見られます ($\chi^2_{(1, N=40)} = 3.75$, $p<.10$)．

5.5 多変量解析

5.5.1 相関関係

［例］喫茶店でのアイスコーヒーの販売数と気温には関連があるかを調べます．

(1) データの準備（E）

・1行目には変数の名前「kion」「uriage」を入力
・1列目：気温（kion）
・2列目：売上（uriage）

(2) データのインポート（R）
［A1］から［B11］までのデータをインポートします．
（データのインポートは5.3節，p.136参照）

(3) 分析の操作（R）
「統計量」→「要約」→「相関行列」を選択すると，次の「相関行列」のウィンドウが表示されます．

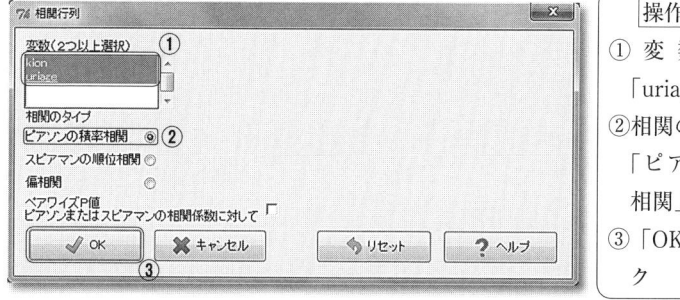

操作する手順
① 変 数：「kion」，「uriage」
②相関のタイプ：「ピアソンの積率相関」
③「OK」をクリック

(4) 結果の見方（R）

```
            kion    uriage
kion    1.000000  0.957129
uriage  0.957129  1.000000
```

相関係数は「0.957」となり，気温と販売数の間には正の相関が見られます（$r \fallingdotseq .957$）．

5.5.2 重回帰分析

[例]「料理雑誌における見やすいデザインと印象評価」の「刺激に対する好みと因子分析で抽出された因子得点 (p.6)」について，説明変数には各因子の因子得点を，目的変数には「好み」の評価を用いた重回帰分析を行います．

※第1章：論文事例1参照

(1) データの準備 (E)

	konomi	fac1	fac2
刺激1	-0.421	-0.248	-0.169
刺激1	0.065	0.890	-1.189
刺激1	-1.394	-2.065	-1.069
～			
刺激1	-1.881	-0.549	-1.544
刺激1	-1.638	-0.010	-2.096
刺激1	1.038	1.361	-1.041
刺激2	-0.178	-0.035	-0.951
刺激2	1.038	1.865	-0.105
刺激2	0.795	2.010	-2.083
～			
刺激14	-0.421	-0.781	0.718
刺激14	-2.611	-1.190	1.107
刺激14	-0.421	-1.032	1.020
刺激15	-0.421	-0.740	0.296
刺激15	0.065	2.012	-1.820
刺激15	1.038	1.558	0.427
～			
刺激15	0.552	0.020	1.206
刺激15	0.795	-0.738	0.718
刺激15	-0.908	-1.407	1.803

- 1行目には変数の名前「konomi」「fac1」「fac2」を入力
- 1列目：好み (konomi)
- 2列目：因子得点1 (fac1)
- 3列目：因子得点2 (fac2)
- 列方向には，各刺激のデータを人数分入力する．

(2) データのインポート (R)

「konomi」，「fac1」，「fac2」の3列分のデータをインポートします．
(データのインポートは5.3節，p.136参照)

(3) 分析の操作 (R)

「統計量」→「モデルへの適合」→「線形回帰」を選択すると，次の「線形回帰」のウィンドウが表示されます．

5.5 多変量解析

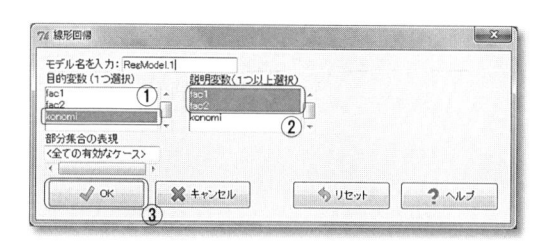

操作する手順
①目的変数：
「konomi」
②説明変数：
「fac1」,「fac2」
③「OK」をクリック

(4) 結果の見方（R）

```
Coefficients:
              Estimate Std. Error t value Pr(>|t|)
(Intercept)  3.136e-11  1.791e-02    0.00        1
fac1         7.237e-01  1.697e-02   42.65   <2e-16 ***
fac2         1.784e-01  1.602e-02   11.14   <2e-16 ***
---
Signif. codes:  0 '***' 0.001 '**' 0.01 '*' 0.05 '.' 0.1 ' ' 1

Residual standard error: 0.6206 on 1197 degrees of freedom
Multiple R-squared: 0.6155,  Adjusted R-squared: 0.6149
F-statistic: 958.1 on 2 and 1197 DF,  p-value: < 2.2e-16
```

	偏回帰係数	t値	有意確率
切片	3.136^{-16}	0.00	1
因子1	0.7237	42.65	2^{-16}
因子2	0.1784	11.14	2^{-16}

Multiple R-squared：決定係数 R^2 (0.6155)
Adjusted R-squared：自由度調整済み決定係数 (0.6149)
F-statistic：分散分析結果 ($F = 958.1$　$p < 2.2^{-16}$)

この結果から，以下の回帰式が構成されます．

$Y = 0.000 + 0.724 \times$ 審美性因子得点 $+ 0.178 \times$ 個性因子得点　($R^2 = 0.616$)

5.5.3　主成分分析

［例］次のデータは，採用試験の20人の受験者について，英語，一般常識，数学，技術知識の4つの試験科目の得点を並べたものです．

採用試験の成績

	英語	一般常識	数学	技術知識
A	92	87	75	63
B	85	78	67	70
C	73	71	65	75
D	76	95	55	63
E	61	60	100	98
F	62	59	100	95
G	79	73	83	89
H	50	55	62	59
I	89	90	92	91
J	100	98	60	67
K	89	90	80	80
L	75	70	78	82
M	50	52	63	69
N	44	43	39	45
O	93	90	89	90
P	39	20	45	50
Q	63	70	25	30
R	45	47	48	42
S	51	49	75	77
T	78	70	39	44

※4.4.3項参照

(1) データの準備（E）

・1行目には変数の名前「english」「common」「math」「knowledge」を入力

　英語：english

　一般常識：common

　数学：math

　技術知識：knowledge

・分類したい変数（科目）を行（ヨコ）方向に配置し，データは列（タテ）方向に入力する．

5.5 多変量解析

(2) データのインポート（R）

［A1］から［D21］までのデータをインポートします．
（データのインポートは5.3節，p.136参照）

(3) 分析の操作（R）

「統計量」→「次元解析」→「主成分分析」を選択すると，次の「主成分分析」のウィンドウが表示されます．

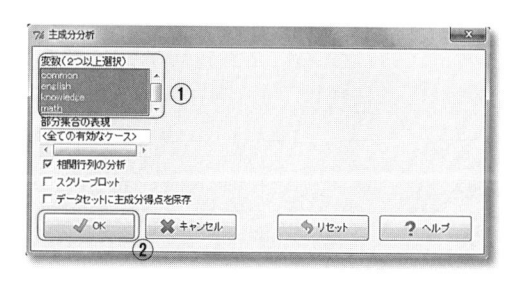

操作する手順
①変数：すべて選択
②「OK」をクリック

(4) 結果の見方（R）

```
> unclass(loadings(.PC))   # component loadings
              Comp.1      Comp.2      Comp.3      Comp.4
common    -0.4818198   0.5313202   0.69662809   0.016054766
english   -0.5060547   0.4802726  -0.71640261   0.003764981
knowledge -0.5102447  -0.4837300   0.03240487  -0.710355959
math      -0.5014067  -0.5030331   0.02065237   0.703649402

> .PC$sd^2   # component variances
    Comp.1      Comp.2      Comp.3      Comp.4
2.64366023  1.25967404  0.06317291  0.03349281

> summary(.PC)  # proportions of variance
Importance of components:
                          Comp.1      Comp.2      Comp.3      Comp.4
Standard deviation     1.6259337   1.1223520   0.25134222   0.183010408
Proportion of Variance 0.6609151   0.3149185   0.01579323   0.008373202
Cumulative Proportion  0.6609151   0.9758336   0.99162680   1.000000000
```

component loadings：主成分負荷量
Proportion of Variance：寄与率
Cumulative Proportion：累積寄与率

累積寄与率の値を80％とする基準を採用すると，主成分数は2となります．第1主成分の主成分負荷量の絶対値は全て大きな値を示していることから

「基礎学力」を代表していると考えられます．

第2主成分の主成分負荷量は，一般常識（common）と英語（english）がプラスの値となり，技術知識（knowledge）と数学（math）がマイナスの値となることから，それぞれの主成分は事務系と技術系の学力を代表していると考えられます．

（詳しくは4.4.3項を参照してください）

5.5.4 因子分析

[例]「料理雑誌における見やすいデザインと印象評価」のSD法評価値に対して因子分析を行います．

※第1章：論文事例1参照

(1) データの準備（E）

	A	B	C	D	E	F	G	H	I	J
1		sitasimiyasui	jouhinna	henkanoaru	yomiyasui	sukina	koseitekina	sanmanna	omosiroi	utukusi
2	刺激1	5	3	3	5	4	5	4	4	5
3	刺激1	7	5	4	5	5	1	3	3	6
4	刺激1	5	1	1	2	1	4	7	1	2

〜

39	刺激1	5	6	5	5	6	5	3	6	6
40	刺激1	6	5	2	6	6	3	2	3	4
41	刺激1	5	6	4	3	4	3	6	4	5
42	刺激2	3	5	3	3	5	5	3	3	5
43	刺激2	6	4	3	5	6	2	3	3	5
44	刺激2	5	5	2	5	5	2	3	3	5

〜

1159	刺激14	3	4	5	2	3	5	4	5	4
1160	刺激14	3	3	4	3	5	4	3	4	5
1161	刺激14	2	2	5	2	2	2	6	2	2
1162	刺激15	6	5	3	3	3	3	2	3	5
1163	刺激15	3	4	2	2	3	4	3	4	4
1164	刺激15	5	5	6	5	5	6	5	5	5

〜

1199	刺激15	5	4	5	5	5	6	5	6	6
1200	刺激15	3	6	3	3	5	6	6	5	3
1201	刺激15	2	4	7	2	3	7	7	4	6

・1行目には変数の名前「sitasimiyasui」「jouhinna」「henkanoaru」「yomiyasui」「sukina」「koseitekina」「sanmanna」「omosiroi」「utukusi」を入力

　・分類する変数（科目）を行方向に配置し，データは列（タテ）方向に入力します

親しみやすい：「sitasimiyasui」
上品な：「jouhinna」
変化のある：「henkanoaru」
読みやすい：「yomiyasui」
好きな：「sukina」
個性的な：「koseitekina」
散漫な：「sanmanna」
面白い：「omosiroi」
美しい：「utukusi」

(2) データのインポート (R)
[B1] から [J1201] までのデータをインポートします．
（データのインポート方法は5.3節，p.136参照）

(3) 分析の操作 (R)
①バリマックス回転（直交回転）の場合
「統計量」→「次元解析」→「因子分析」を選択すると，次の「因子分析」のウィンドウが表示されます．

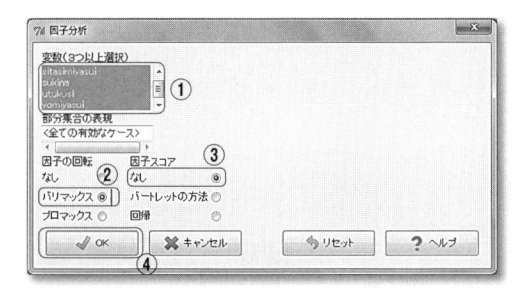

操作する手順
①変数：
　すべて選択
②因子の回転：
　「バリマックス」
③因子スコア：「なし」
④「OK」をクリック

操作する手順
⑤抽出する因子数：2
⑥「OK」をクリック

（因子数の決定方法については，第4章 p.120 を参照）

166　第5章　Rコマンダーを用いたデータ分析

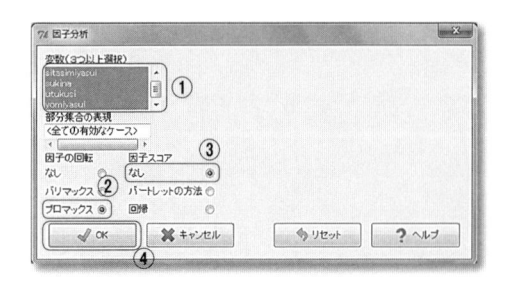

②プロマックス回転（斜交回転）の場合

> 操作する手順
> ①変数：
> 　すべて選択
> ②因子の回転：
> 　「プロマックス」
> ③因子スコア：「なし」
> ④「OK」をクリック

(4) 結果の見方（R）

①バリマックス回転（直交回転）の場合

・共通性

```
Uniquenesses:
   henkanoaru       jouhinna    koseitekina       omosiroi      sanmannna
        0.493          0.490          0.444          0.383          0.494
 sitasimiyasui         sukina        utukusi       yomiyasui
        0.448          0.251          0.415          0.401
```

> Uniquenesses：独自性
> ※「1－Uniquenesses」が共通性となる

②プロマックス回転（斜交回転）の場合

```
Loadings:
              Factor1 Factor2
henkanoaru             0.712
jouhinna       0.703
koseitekina            0.748
omosiroi       0.322   0.693
sanmannna     -0.615   0.406
sitasimiyasui  0.739
sukina         0.839   0.161
utukusi        0.752
yomiyasui      0.776

Factor Correlations:
        Factor1 Factor2
Factor1  1.0000 -0.0742
Factor2 -0.0742  1.0000
```

> Loadings：因子負荷量行列
> Factor Correlations：因子間相関

・因子負荷量/固有値/寄与率/累積寄与率

```
Loadings:
              Factor1 Factor2
henkanoaru            0.712
jouhinna      0.704   0.117
koseitekina           0.745
omosiroi      0.337   0.710
sanmannna    -0.605   0.374
sitasimiyasui 0.739
sukina        0.841   0.204
utukusi       0.753   0.134
yomiyasui     0.773

              Factor1 Factor2
SS loadings    3.395   1.787
Proportion Var 0.377   0.199
Cumulative Var 0.377   0.576
```

> Loadings：因子負荷量行列
> ※因子負荷量行列で空白の部分は「0」に近い値を示しています.
> SS loadings：因子寄与
> Proportion Var：寄与率
> Cumulative Var：累積寄与率

斜交回転を用いた場合には因子間相関が得られます（詳しくは第4章 p.122を参照）.

(5) 因子得点の算出（R）

上記の因子分析の手順をもう一度繰り返して，以下のように「因子スコア」のチェックを入れると，「因子得点」を算出できます.

デフォルトでは「なし」にチェックが入っていますので算出されませんが，「バートレットの方法」または「回帰」にチェックを入れることにより，算出することができます.

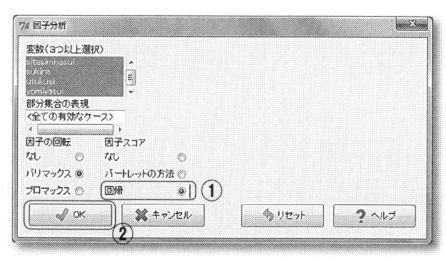

> 操作する手順
> ①因子スコア：「回帰」
> ②「OK」をクリック

(6) 因子得点の保存（R）

算出された因子得点はアクティブデータセットに保存されます.
（アクティブデータセットの確認方法は p.139 参照）
「データ」→「アクティブデータセット」→「アクティブデータセットのエクスポート」.

168　第 5 章　R コマンダーを用いたデータ分析

操作する手順
①フィールドの区切り記号：
「カンマ」
②「OK」をクリック

保存するファイル名を入力

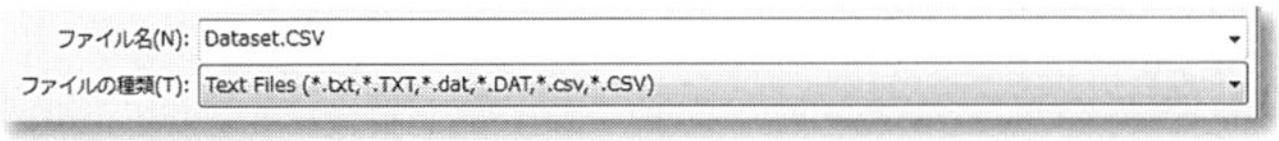

操作する手順
ファイル名：ここでは「Dataset.csv」
拡張子は「.csv」

注）ファイルの種類：
　「.txt」，「.dat」，「.csv」などがありますが，csv ファイルで保存すると，
　Excel で開くときにスムーズです．

(7) 因子得点のファイルを Excel で開く (E)

csv 形式のファイルとして保存されますので，これを Excel 上で開くと以下のようになります．

　注）変数名はセルが左に 1 つ寄ってしまっているので注意．

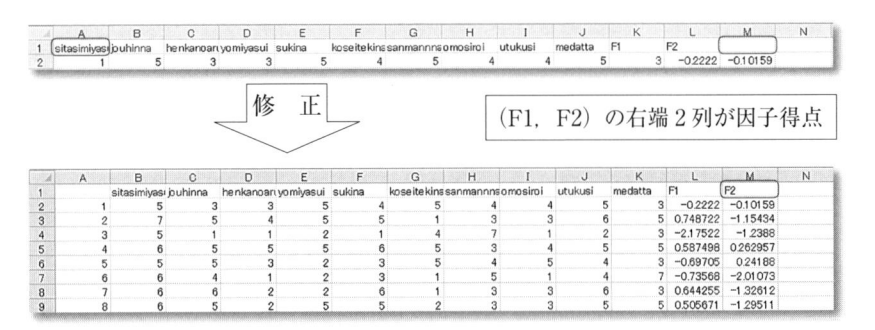

修正

(F1, F2) の右端 2 列が因子得点

5.5.5 クラスター分析

［例］AからEの5つの企業が製造しているテレビをクラスター分析（群平均法）により分類します．要因は価格と重さの2つです．

	A	B	C	D	E
価格（万円）	10	12	15	20	8
重さ（kg）	10	15	9	13	16

※4.4.5項参照

(1) データの準備（E）

- 1行目に変数の名前「price」「weight」を入力
- 1列目：分類する変数（企業）のラベルを入力
- 2列目：価格（price）のデータを入力
- 3列目：重さ（weight）のデータを入力
- 分類する変数（企業）を行方向に並べる．

(2) データのインポート（R）

［B1］から［C6］までのデータをインポートします．
（データのインポート方法は5.3節，p.136参照）

(3) 分析の操作（R）

「統計量」→「次元解析」→「クラスタ分析」→「階層的クラスタ分析」を選択すると，次の「階層的クラスタリング」のウィンドウが表示されます．

必ずしも入力する必要はありません．分析結果を整理しやすくするために，クラスターの名前を入力することができます（ここでは「TV」と入力します）．

操作する手順

① 変数：すべて選択
② クラスタリングの方法：「群平均法」
③ 距離の測度：「ユークリッド距離の平方」
④ デンドログラムを描く：「チェック」を確認
⑤ 「OK」をクリック

クラスター分析の結果はRコマンダーではなく，RGui上に出力されます．

5.5 多変量解析

(4) 結果の見方（R）

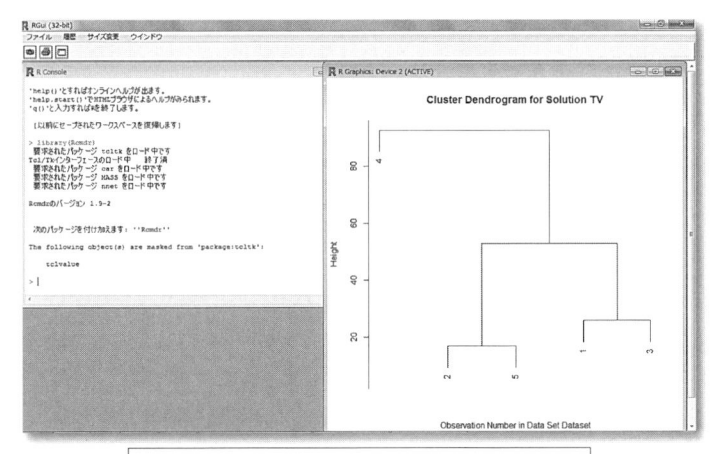

デンドログラムの中にインポートしたデータの入力順に変数の番号が表示されます．

(5) 結果の保存（R）

ここでは2つの出力された結果を保存する方法を紹介します．
①ファイルとして保存する．
PDFやJPEGなどのファイルとして保存することができます．
「ファイル」→「別名で保存」→「形式を選択」．

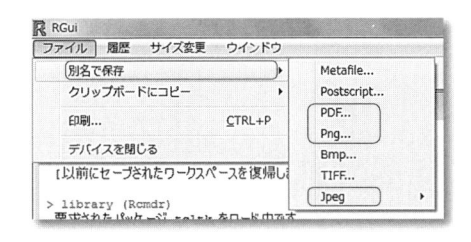

※保存形式は以下の形式を推奨
PDF/Jpeg/Png

②クリップボードに一時保存する．

デンドログラムをコピーして一時保存することにより，Word や Excel 等に貼り付けることができます．

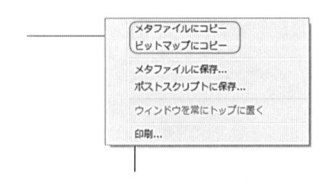

```
メタファイルにコピー
ビットマップにコピー
メタファイルに保存...
ポストスクリプトに保存...
ウィンドウを常にトップに置く
印刷...
```

操作する手順
①分析結果の図上で右クリック
②「メタファイルにコピー/ビットマップにコピー」
　のどちらかを選択し，任意のファイルに貼り付けて保存

付録

付録は以下の内容となっています．
① R および R コマンダーのインストール方法
　本書で使用した R および R コマンダーのインストール方法を紹介します．
② 早稲田大学人間科学学術院齋藤研究室で行われてきた卒業論文・修士論文・博士論文のタイトル
　感性認知科学の中でもバラエティに富んださまざまな研究が行われています．研究テーマ選択の参考にしていただければ幸いです．
③ 分析選択のフローチャート

付録1　R，Rコマンダーのインストール

　第5章でも述べたように，RはフリーウェアなのでインターネットにJ接続できる環境さえあれば，インストールすることができます．
　R，Rコマンダーを動かすための動作環境は，WindowsであればWindws 2000以降，Macintoshであれば「Mac OS X」以降のOSです．これらのOSであれば，インストールすることが可能です．

付1.1　Rをインストールする

手順

　冒頭でも述べたように，RおよびRコマンダーはフリーウェアであり，「The Comprehensive R Archive Network」というWebサイト（http://cran.r-project.org/index.html）で配布されています．上記のURLをブラウザのアドレスバーに直接入力するか，検索エンジンで「R　CRAN」と入力し，上記のサイトを開いてダウンロードします．

　　注）本書では，RおよびRコマンダーのバージョンは以下を使用しています．
　　　R：2.15.2
　　　Rコマンダー（Rcmdr）：1.9-2

付録1 R，Rコマンダーのインストール　175

インストール方法（Windows）

手順（1）：「Download R for Windows」を選択

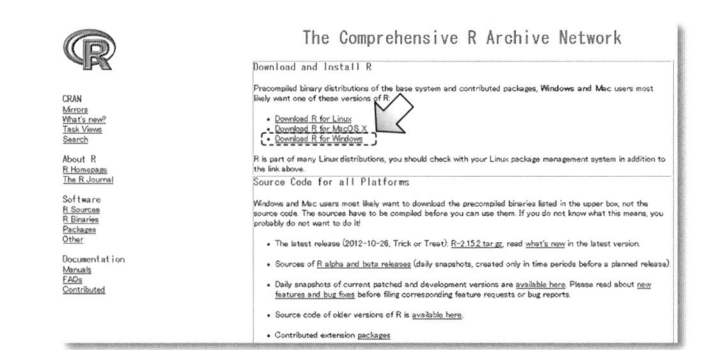

手順（2）：「install R for the first time.」を選択

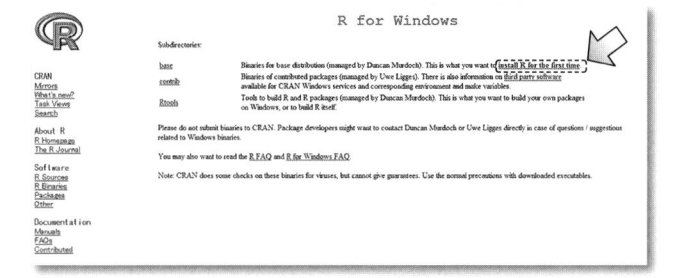

手順（3）：「Download R 2.15.2 for Windows」を選択

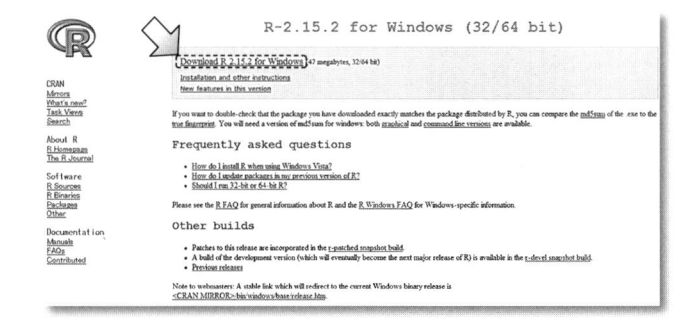

手順（4）：「実行」を選択

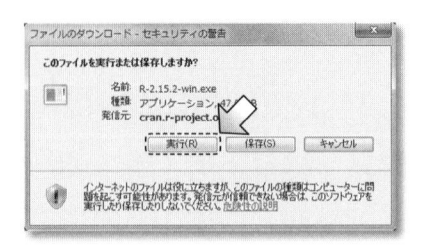

以下のメッセージが表示がされたら，「はい」を選択．

```
cran.md.tsukuba.ac.jp から R-.15.2-win.exe（47.0 MB）を実行または保存しま
すか？
```

手順（5）：「日本語」を選択し，「OK」を選択

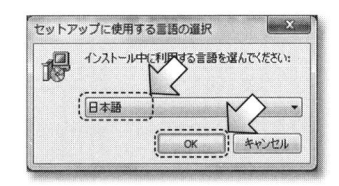

手順（6）：「次へ」を選択

手順（7）：情報に目を通し，問題がない場合は「次へ」を選択

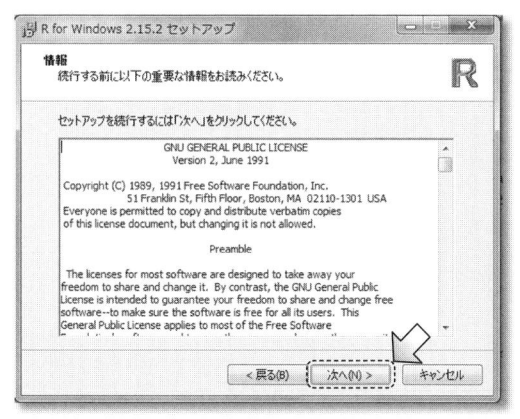

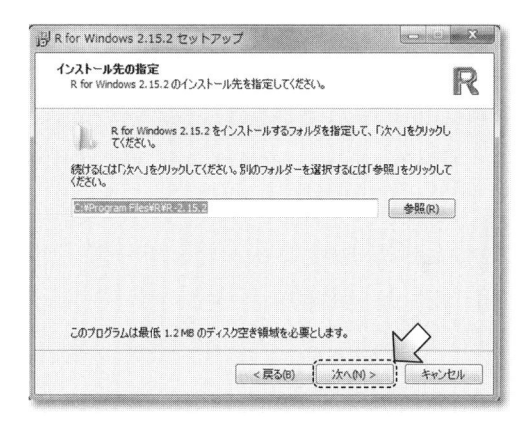

手順（8）：「次へ」を選択．

　フォルダ等の管理は自身の PC に合った場所を選択してください．特別にフォルダの管理などをしていない場合は，このまま何も変更しなくて構いません．自動的に C ドライブの「Program Files」という場所が選択されます．

手順 (9):「次へ」を選択

　自身の PC が 32 bit の場合は「64-bit Files」のチェックをはずしましょう. 64 bit の場合はこのままで構いません.

手順 (10):「いいえ」を選択

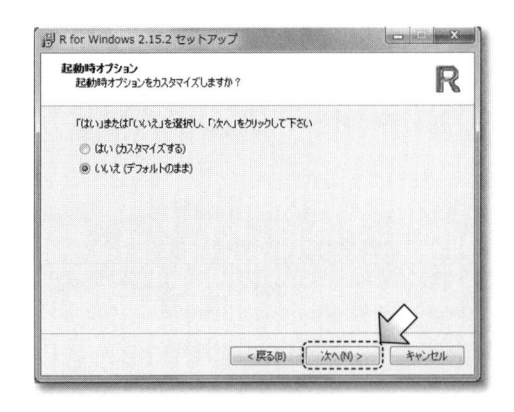

付録1　R，Rコマンダーのインストール　179

手順（11）:「次へ」を選択

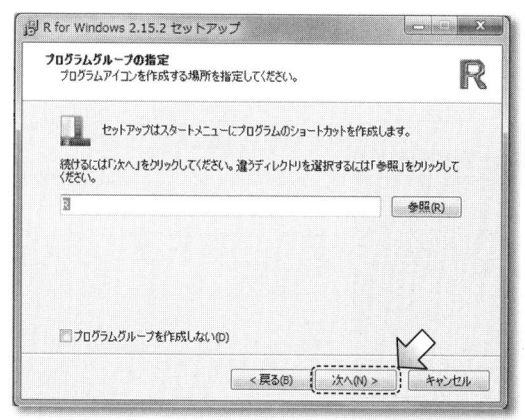

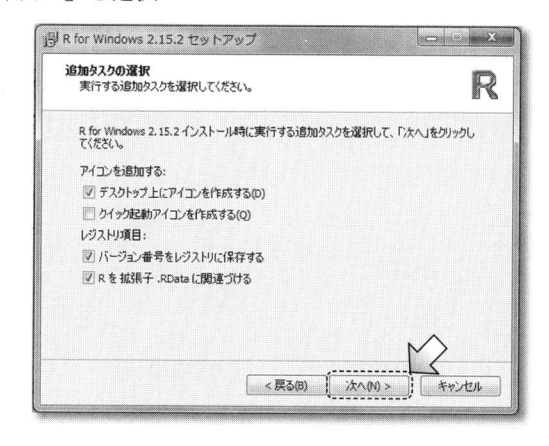

手順（12）:「次へ」を選択

手順（13）：「インストール完了」

この画面が出ればRのインストールは完了です．

さっそく起動してみましょう．

R の起動

すべて手順通りにインストールしていれば，デスクトップにRのアイコンが作成されているはずです．手順9で「64-bit Files」にチェックをすると，ショートカットは2つ作成されます．

32 bit 用　　64 bit 用

ショートカットから「R」を起動します．本書では32 bit用のファイルを使用しています．

ショートカットを作成していない場合は，スタートメニューから「すべてのプログラム」→「Rのフォルダ」→「R 2.15.2」をクリックします．

付 1.2　Rコマンダーをインストールする

単体のプログラムではなく，さまざまなプログラムが組み合わさって動い

ているものを「パッケージ (Packages)」といいます．Rコマンダーも，このパッケージという形で，作成されています．

手順 (1)：Rのメニュー「パッケージ」から「パッケージのインストール」を選択

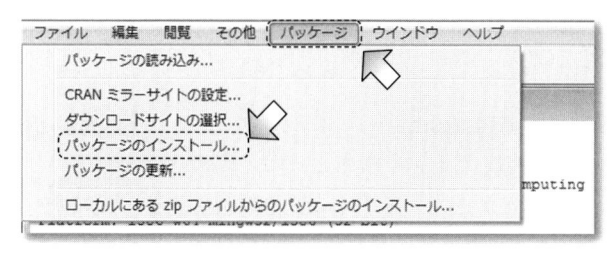

手順 (2)：「Japan (Tsukuba)」を選択し，「OK」を選択

Rに関するファイルは一括して「CRAN」という場所で管理されていますが，インストールする際は「ミラーサイト」というところを経由して行います．ミラーサイトは世界各地にあり，日本では，「Hyogo」，「Tsukuba」，「Tokyo」の3か所です．例では「Tsukuba」を選択していますが，どこを選択しても変わりはありません．

手順 (3)：「Rcmdr」を選択し，「OK」を選択

　ここで「Packages」というメニューが開きます．Rのために用意された世界中のプログラムがこの中にあるわけです．もちろんこの中にRコマンダーもあるので，ここからインストールします．

　アルファベット順に並んでいる一覧の中から，「Rcmdr」というパッケージを選択します．似たような名前が以下に沢山ありますが，後ろに何もつかないものがRコマンダーなので気を付けましょう．

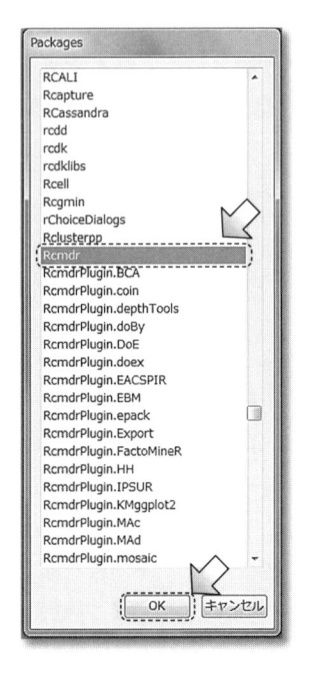

手順 (4)：「はい」を選択

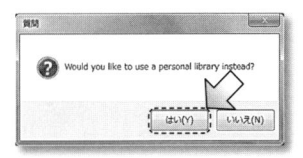

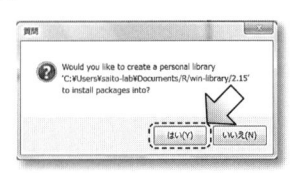

手順 (5)：「はい」を選択

手順 (6)：上記までの手順を進めると，インストールが進行します

インストールがすべて終わると，Rのコンソールに「ダウンロードされたパッケージは，以下にあります」という表記とともに，保存された場所が表示されます．

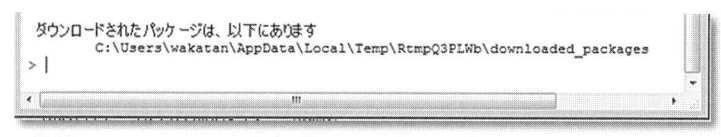

```
ダウンロードされたパッケージは、以下にあります
        C:\Users\wakatan\AppData\Local\Temp\RtmpQ3PLWb\downloaded_packages
> |
```

この状態でRコマンダーを起動してみましょう．

コンソールの「>」の後に「library (Rcmdr)」と入力してエンターキーを押すと起動できます．

⇒ Rコマンダーの起動に成功した場合は p.132 へ

――――――――――― エラーが表示されたら ―――――――――――

以下のようなエラーが表示された場合は，次の手順で不足しているパッケージをインストールします．

手順 (7)：「はい」を選択

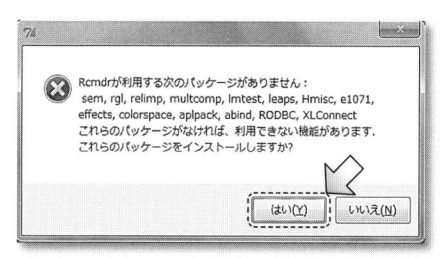

手順 (8)：「OK」をクリック

手順 (9):「インストール完了」

すべてインストールが終了すると，Rのコンソールに以下の一文が表示されます．これでインストールが完了です．

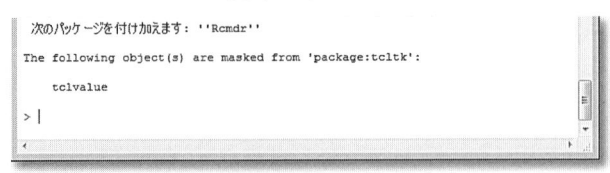

```
次のパッケージを付け加えます: ''Rcmdr''
The following object(s) are masked from 'package:tcltk':
    tclvalue
>
```

手順 (10):再度Rコマンダーを起動

もう一度，「library（Rcmdr）」と入力してエンターキーを押すと起動できます．これで起動できれば成功です．

付録2　感性認知科学研究，研究題目リスト

[1997年度卒業論文]
- 大学生における町のイメージに関する意識調査の一考察
- パッケージデザインと購買意欲に関する一研究
- 現代絵画における印象評価
- 車の広告における雑誌広告とパンフレット広告のイメージの違いに関する一考察
- 日本人大学生における Blue-Seven Phenomenon に関する一考察
- 芳香が作業効率に及ぼす効果について
- 色彩と物のイメージに関する一研究
- 男性服装における二色配色の研究
- 所有物の心理的意味に関する一研究
- タバコのパッケージのイメージ研究
- デザインイメージと購買欲の相関性

[1998年度卒業論文]
- 大学生の方言イメージと方言に対する意識
- パーソナリティが方向感覚に与える影響について
- 広告におけるキャッチコピーについての研究
- ユニフォーム広告に関する一研究
- 視覚障害への人間学的アプローチと大学生における意識調査
- 色彩感情の研究
- 大学生のジェンダーに対する意識の変容
- 服装が与える心理的影響について
- ジーンズとそのブームに関する一考察
- キャッシュカードの人気度・実態調査
- 時間・距離認知におけるメンタルテンポの影響
- 記憶の再生における色・文字視覚処理の影響

[1999年度卒業論文]
- 標題音楽にイメージされる色
- 色彩嗜好の日米比較研究
- 自己評価と色彩の関連について

- ■照明の果たす役割に関する一考察
- ■居住空間における快適性についての一研究
- ■色彩選択の時代間比較
- ■現代女性におけるメーキャップに関する意識調査
- ■ユニフォームにおける色のイメージに関する一研究
- ■エントランスにおける外観が与える印象
- ■CDジャケットとその音楽自体との相関性について
- ■大学生における新宿駅周辺のイメージ調査の一考察
- ■景観とそのイメージに関する研究
- ■顔の性別認知における色彩効果

2000年度卒業論文
- ■子どもと色の世界
- ■広告におけるロゴの効果的な配置と方向性に関する研究
- ■モニター画面と紙面の呈示の違いが文章の記憶にもたらす効果
- ■北海道と沖縄における色イメージの比較調査研究
- ■歌詞のイメージと色彩の関係
- ■色反応・形反応と性格に関する考察
- ■様々な肌の色に対するイメージ調査
- ■ピクトグラムの色彩についての印象評価
- ■触覚と色彩に関する共感覚
- ■高齢者のイメージと色の関係性について
- ■Webページ上での調査フォームにおける文字色と背景色の関係について
- ■幼児の色の好みと性格特性の関係
- ■携帯電話や家電製品における黒からシルバーへの色の変容について
- ■肌色とリップカラーに関する研究

2000年度修士論文
- ■色彩感情に対する光源の影響
- ■距離評価と時間評価に基づく認知距離の検討

2001年度卒業論文
- ■音楽による場面推定力の差異について
- ■ペットボトルのパッケージがもたらす効果について
- ■渡航経験によるイメージ変化
- ■モノの多色化についての調査
- ■環境広告と色彩の関連について
- ■カリスマ性について
- ■味のイメージとテーブルウェアの関連性について
- ■言葉が色名になるとき

■本のイメージ調査
■トイレマークにみる男色、女色
■髪が与える印象効果に関する研究
■性別・年齢による色彩イメージ調査
■電車内空間の快適性について
■高齢者と若者の色彩嗜好とそれぞれがイメージする嗜好色
■住宅外観に関する研究

2001年度修士論文
■色彩語の研究
■環境としての緑に対する意識調査
■顔の性別判断方略における色彩関与の検討——性別準拠枠としての膚色カテゴリ

2002年度卒業論文
■演劇チラシにおけるユーモアの効果について
■赤と青のおけるトーンの変化に伴う面積効果
■図と地の関係と色彩の感情効果
■色彩が広さ感に及ぼす影響について
■香りによるヒーリング効果とプラシーボ効果
■メガネのフレームによる顔の印象の変化について
■企業イメージの及ぼす影響と広告効果についての研究
■女性の顔における眉のデザインと印象特性について
■ネイルカラーと肌の色の組合せにおけるイメージの変化
■住環境に関する意識調査研究
■現代女性が抱くブランド品のイメージと定義についての研究
■食器の色彩と食欲、味覚イメージの関連について
■カフェのロゴにおける色彩の感情効果
■クレジットカード入会申込書におけるデザイン比較研究
■購買心理における色彩効果
■色彩調和論から見た肌色と髪色の配色効果について
■ブランドに対する態度とパーソナリティ特性との関係

2003年度卒業論文
■お菓子のパッケージデザインと購買意欲
■購買心理とPOPデザイン
■言語の印象がポスターに与える影響
■音楽が作業環境に与える影響について
■デジタルカメラの操作部におけるユーザビリティーについて
■トイレ空間の色彩における快適性の追求
■笑顔の与える影響の日米国際比較

■女性の下着の色に対するイメージと心理的変化

2003年度修士論文
■ポータルサイトにおける色彩デザインの日韓比較
■XHTML/HTMLエディタにおける文書構造の色分け方法について
■道路標識の色彩認知に関する研究

2004年度卒業論文
■自己の容姿に対する姿勢が自己評価に及ぼす影響
■調査者の印象が調査協力姿勢に及ぼす影響
■セルフ・モニタリング下位尺度と自己開示との関係性
■声色のイメージカラー分析
■化粧品メーカーのブランドイメージ及び女性大学生の化粧品購買状況調査
■主要駅周辺の街の印象評価
■インテリアと香りのマッチング及びその心理的効果について
■観葉植物に対する心理的な評価
■空間における適正緑色量調査研究
■Tシャツにおける分割線の錯視効果
■髪型の違いによる印象の比較
■女性のアイメイクとパーソナリティイメージの関連
■笑顔が与える影響——児童の表情が与える印象

2004年度修士論文
■医療施設における空間デザインの心理的影響
■'身につける色'と'周辺の色'の嗜好比較及び相関の検討
■赤のイメージに対する研究：中国における地域間比較及び日中比較

2004年度博士論文
■顔の性別認知における肌色の作用——日本人大学生の男女合成顔を用いて

2005年度卒業論文
■色彩からみる母親の子供服と婦人服の選択嗜好性の違い
■ウェブ画面における無彩色文字の明度変化の影響
■ファッション雑誌のイメージと購読意欲の関係
■建築物の色彩による印象の変化
■下着が与える気分変化
■絵本におけるデザインの多次元解析
■色刺激による気分変化
■食欲に影響を与えるテーブルクロスの色
■伝統的日本模様イメージの国際比較

- ■テレビ放送局の企業イメージ
- ■サッカーユニフォームにおけるデザインの多次元解析
- ■色彩好悪の評価における気分の影響
- ■飛行機の客室インテリアのイメージ評価
- ■プレッシャーと反復によるパフォーマンス向上について
- ■高齢者における色と文字の視認性評価
- ■CMとタレントの印象に関する調査
- ■病院のWEBサイトデザインの評価に影響を与える要因
- ■ヘアカラーとヘアスタイルから想起される顔のイメージ
- ■携帯電話会社のイメージ評価
- ■音楽とインテリアのマッチングによる気分効果
- ■音楽が作業効率に与える影響

2005年度修士論文
- ■表情の変化と文脈が笑顔の認知に与える影響
- ■周辺の配色が中心文章の読みやすさ及び画面の印象に与える影響
- ■染髪行動から検討した他者認知と自己概念の関連――美術系・服飾系の大学との比較

2006年度卒業論文
- ■笑いの認知の文化間差異
- ■色彩・照明が異なる室内空間に観葉植物が与える複合効果
- ■壁面素材と椅子の色がカフェ空間の雰囲気に及ぼす影響
- ■CDジャケットのデザインに関する一考察
- ■ペットボトルの商品名の文字と配置の印象評価
- ■エンターテイメントパークのWebサイトのユーザビリティと満足度の関連性
- ■自動車の色と価格による高級感と購買意欲の関係
- ■安全色のリスク認知に関する日中比較
- ■笑顔が年齢の推定に与える影響
- ■チョコレートのパッケージデザインにおける色と言語イメージが購買意欲に与える影響
- ■シャンプーのパッケージデザインにおける、色と形が印象評価に与える影響
- ■緑茶のブランドイメージが味覚におよぼす影響
- ■メンズスーツの印象評価とシーン別の配色提案
- ■映画予告編による印象・気分とライフスタイル特性
- ■中国茶のイメージに調和するWebサイトの配色デザイン
- ■WEBサイトの情報デザインにおけるユーザビリティ・アクセシビリティの評価研究

2006年度修士論文
- ■色光の生理的・心理的効果に関する研究
- ■音声の周波数・速度が印象評価及びイメージカラーに与える影響

- ■航空分野におけるリスク知覚
- ■化粧と顔の形態的特徴の違いが女性の人物印象評価に与える影響
- ■安全色のリスク認知における日本と中国の交叉文化的研究
- ■色彩に対する香りの調和性が与える心理・生理的影響
- ■カラー舗装におけるイメージ狭窄の有効性と景観評価の検討

2007年度卒業論文
- ■印象による香りとボトルデザインの関係性
- ■顔の形態特性が年齢認知に与える影響について
- ■早稲田大学におけるeラーニングシステムのユーザビリティ評価
- ■浴室空間における配色効果
- ■表情の変化が笑顔と真顔の印象に与える影響
- ■左右二図形間の位置認知と印象評価
- ■テレビバラエティ番組における効果的テロップ
- ■綿素材における色と加工の交互作用に関する検討
- ■ビール系飲料のパッケージデザインにおける高級感
- ■欧州二都市間の印象比較
- ■紫のパッケージデザインの印象と味覚の関係
- ■ピクトグラムの配色と配置によるわかりやすさの研究
- ■果実の香料を用いた色と香りの印象比較
- ■和服における色彩嗜好と印象評価
- ■肌色と服装色の組み合わせによる感情効果
- ■中国上海における企業ブランドイメージの構成要因に関する研究

2007年度修士論文
- ■音楽聴取による心理的・生理的変化と精神テンポの関連性
- ■安全色のリスク認知に関する日韓比較研究
- ■笑顔の物理的変化量による分類と印象評価
- ■色彩象徴と思考様式の相関に関する日加比較研究
- ■壁面色の違いによる気分の変化および生理的効果に関する研究
- ■居住内装空間における刺激媒体間の印象評価比較と空間認知
- ■日米の大学生に於ける色彩嗜好研究──地域間比較と国際比較

2007年度博士論文
- ■色彩と香りの感情次元と調和性

2008年度卒業論文
- ■「気分に合う色」と「身につける色」の関係性
- ■遺伝的アルゴリズムを用いた自動配色提案プログラムの作成および有効性の検証
- ■インテリア空間の印象評価とインテリアテイストの検討

- ■インテリアに使用する配色の印象評価
- ■音学とLEDの組み合わせの心理的・生理的効果
- ■音楽の調性に対する調和・不調和トーンの検討
- ■顔色が表情の認知に与える影響——怒り顔と赤の関連性
- ■香りが作業効率に及ぼす影響
- ■金色・銀色の嗜好傾向とパーソナリティ特性の関係
- ■県名と県庁所在地の異なる都道府県のイメージとイメージカラーの関連性
- ■色彩と香りの調和性
- ■自動車のインテリア内装材の配色に関する印象評価
- ■小説のフォントとその可読性が与える心理的影響
- ■素材・色が与える服の印象とパーソナリティイメージ
- ■場面・対象特性が不安・笑いの許容に与える影響
- ■野球のユニフォームのデザイン評価

2008年度修士論文
- ■香りの心理学的側面における分類および調和色・不調和色の検討——香りと色の印象によるデータベースの構築
- ■色彩嗜好および色彩感情に関する日台比較研究

2009年度卒業論文
- ■有料化粧室の快適性及び有用性に対する研究
- ■幼少期における音楽教育が色調におよぼす影響
- ■色彩実験によるインテリアテイストと室内装備配色の関係性に関する研究
- ■野球のユニフォームの色が及ぼす強さ感に関する研究
- ■香りの単純接触効果に関する研究
- ■色と香りの調和性に関する研究
- ■インテリア空間における色彩配色と観葉植物の心理的効果
- ■Webデザインに特化した配色支援システムjにおけるユーザビリティ評価
- ■透過色を用いた空間における心理的効果
- ■赤色を使用した化粧品業界の企業ロゴの印象評価
- ■日本の伝統色名における印象評価の国際比較研究
- ■コンピューターによる図形の絵画風表現における印象評価及び調和性
- ■紙素材による発色の違いが印象に及ぼす影響

2009年度修士論文
- ■企業ブランドイメージの構成要因に関する研究——日中における文化的視点からの検討

2010年度卒業論文
- ■トーンと音楽の調和性の関係

- ■香りが色名のイメージに及ぼす影響
- ■目を大きく見せる化粧行動とパーソナリティとの関連
- ■時間概念が付加された情報が人物印象に及ぼす修正効果の検討
- ■〈身に着ける色・香り〉と〈空間の色・香り〉の関連性
- ■ライフスタイル特性からみたカラーバリエーションの有効性
- ■日本の伝統建築と現代建築の外観イメージに関する研究
- ■映像の色操作による効果的な演出方法の検索
- ■自己意識と体型認知の関係性──シルエット画像を用いた検討
- ■料理雑誌におけるみやすいデザインと印象評価
- ■利用目的別にみたカフェ空間に関する検討
- ■インテリア空間がプロダクトの色彩に与える影響

2010年度修士論文
- ■肌色の分類における境界線の知覚に関する研究
- ■日中女性の理想の肌に対する心理学的研究──色白肌の嗜好に着目して
- ■香りの嗜好が作業に及ぼす効果

2010年度博士論文
- ■ストレスと精神的疲労における中枢神経系に対する香気成分の影響

2011年度卒業論文
- ■単色・配色における色彩嗜好とパーソナリティの関係性
- ■テーブルコーディネートにおける印象評価
- ■音楽の調性及び音域と色調との関連性
- ■空間における壁紙が肌の印象に及ぼす影響──肌が美しく見える壁紙とは
- ■個人特性と香りの単純接触効果との関係
- ■披露宴会場における印象と配色パターンの最適空間の構築
- ■調和する色と香りの選定アプリケーションの開発──香りの心理学的分類及び香りに対する色の調和性の検討
- ■電子媒体と紙媒体との印象の比較
- ■ピンク色のインテリア空間における印象評価
- ■感性的側面からみたバーチャルリアリティの認知
- ■色と香りの組み合わせによる心理的変化に対する法則性の検討

2011年度修士論文
- ■居住空間に使用する壁紙の色彩の印象に関する検討──使用目的に応じた壁紙の適合性と壁紙による肌色の印象評価

論文の要旨をご覧になりたい場合は，早稲田大学人間科学学術院，齋藤研究室のホームページをご覧ください。

URL: http://www.waseda.jp/sem-saito-lab/index.html

付録3　分析選択のフローチャート

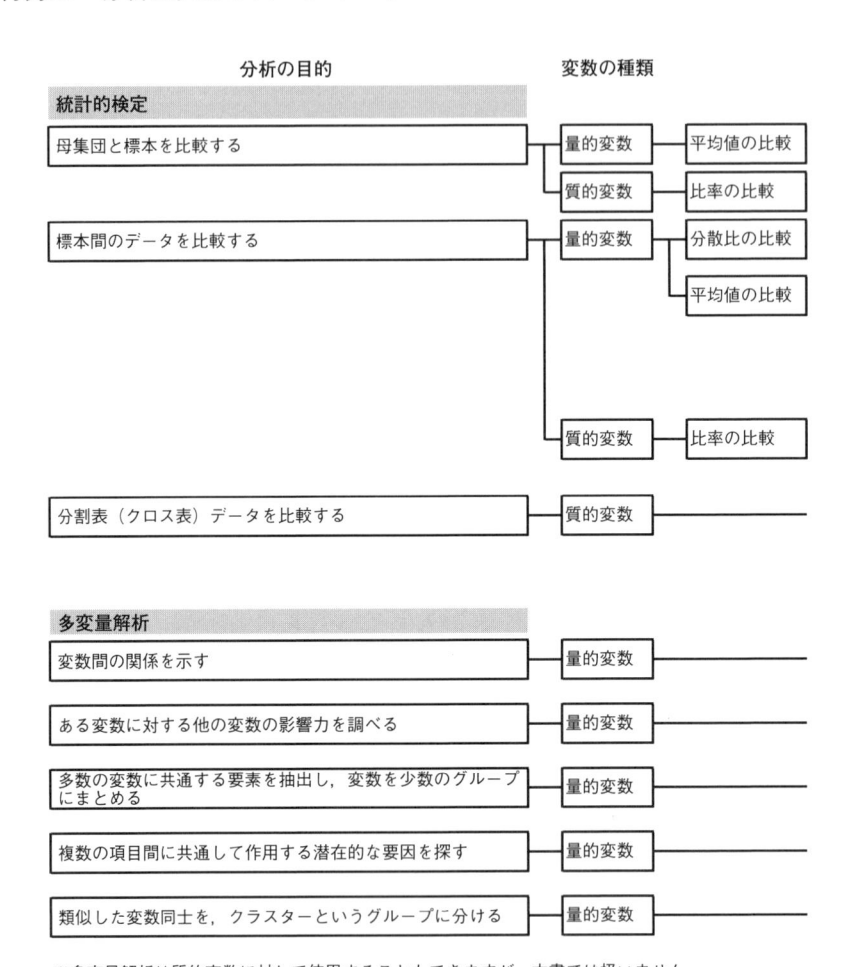

統計的検定

分析の目的	変数の種類	
母集団と標本を比較する	量的変数	平均値の比較
	質的変数	比率の比較
標本間のデータを比較する	量的変数	分散比の比較
		平均値の比較
	質的変数	比率の比較
分割表（クロス表）データを比較する	質的変数	

多変量解析

分析の目的	変数の種類
変数間の関係を示す	量的変数
ある変数に対する他の変数の影響力を調べる	量的変数
多数の変数に共通する要素を抽出し，変数を少数のグループにまとめる	量的変数
複数の項目間に共通して作用する潜在的な要因を探す	量的変数
類似した変数同士を，クラスターというグループに分ける	量的変数

※多変量解析は質的変数に対して使用することもできますが，本書では扱いません。

付録3 分析選択のフローチャート

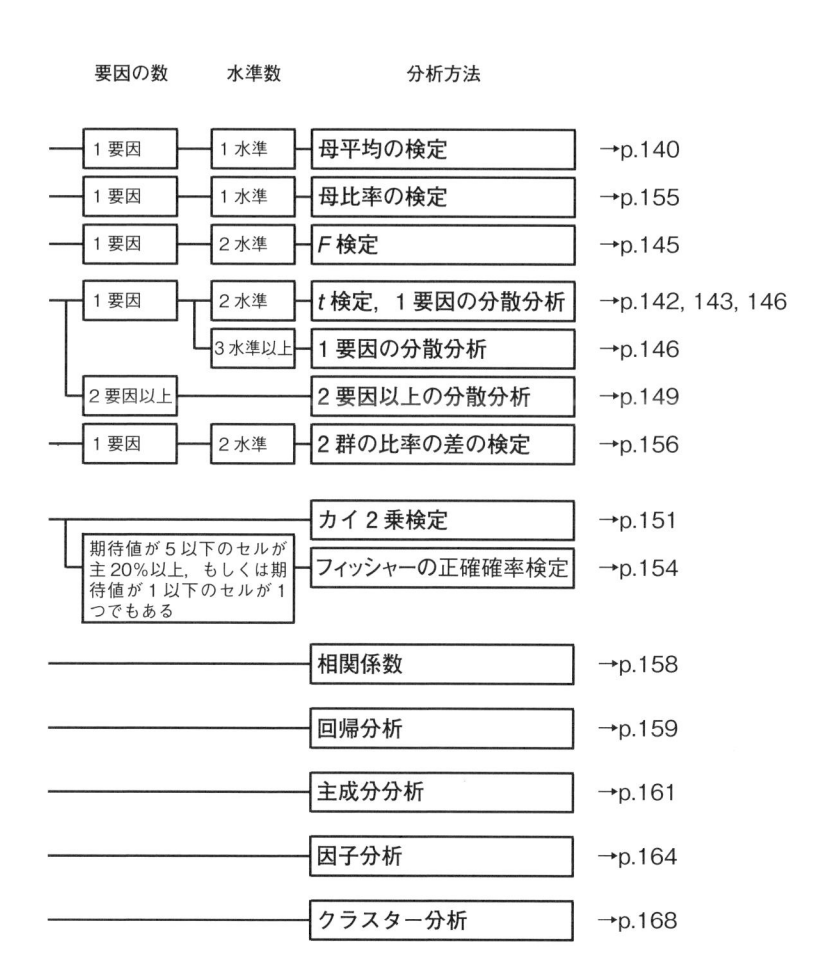

要因の数	水準数	分析方法	
1要因	1水準	母平均の検定	→p.140
1要因	1水準	母比率の検定	→p.155
1要因	2水準	F検定	→p.145
1要因	2水準	t 検定，1要因の分散分析	→p.142, 143, 146
1要因	3水準以上	1要因の分散分析	→p.146
2要因以上		2要因以上の分散分析	→p.149
1要因	2水準	2群の比率の差の検定	→p.156

	カイ2乗検定	→p.151
期待値が5以下のセルが主20％以上，もしくは期待値が1以下のセルが1つでもある	フィッシャーの正確確率検定	→p.154

相関係数	→p.158
回帰分析	→p.159
主成分分析	→p.161
因子分析	→p.164
クラスター分析	→p.168

参考文献

第 2 章

日比野正巳（編），千住秀明・江藤さおり（著）（2003）．研究のすすめ方——テーマ設定から論文執筆・学会発表までの総合スキル　阪急コミュニケーションズ．

石坂春秋（2003）．レポート・論文・プレゼンスキルズ——レポート・論文執筆の基礎とプレゼンテーション　くろしお出版．

日本心理学会（編）（2005）．執筆・投稿の手引き（2005 年改訂版）　日本心理学会．

高橋順一・渡辺文夫・大渕憲一（編著）（1998）．人間科学研究法ハンドブック　ナカニシヤ出版．

浦上昌則・脇田貴文（2008）．心理学・社会科学研究のための調査系論文の読み方　東京図書．

第 3 章

株式会社ナックイメージテクノロジー（2012）．アイマークレコーダーの歩み〜前編〜　株式会社ナックイメージテクノロジー：視線計測用アイカメラシステムアイマークレコーダー　＜http://www.eyemark.jp/history/01/＞（2012 年 12 月 9 日）

Nakane, H., Asami, O., & Yamada, Y. (1998). Salivary chromogranin A as index of psychosomatic stress response, *Biomedical Res.*, **19**, 407-410.

大山正・宮埜壽夫・岩脇三良（1999）．心理学研究法——データ収集・分析から論文作成まで　サイエンス社

大山正・齋藤美穂（2009）．色彩学入門——色と感性の心理　東京大学出版会

Osgood, C. E., Suci, G., & Tannenbaum, P. (1957). *The measurement of meaning.* Urbana, IL: University of Illinois Press.

繁桝算男（編）（1998）．心理測定法　放送大学教育振興会

山口昌樹（2007）．「唾液マーカーでストレスを測る」日薬理誌，**129**, 80-84

第 4 章

青木繁伸（2009）．R による統計解析　オーム社．

Hoel, P. G. (1976). *Elementary Statistics.* 4th ed. John Wiley & Sons Inc.（ホーエル，P. G. 浅井晃・村上正康（訳）（1999）．初等統計学　原書第 4 版　培風館）

第 5 章

船尾暢男（2008）．「R」Commander ハンドブック　オーム社．

山田剛史・杉澤武俊・村井潤一郎（2008）．R によるやさしい統計学　オーム社．

渡辺利夫（2005）．フレッシュマンから大学院生までのデータ解析・R 言語　ナカニシヤ出版．

索引

特に詳しい説明のあるページは太字で示す．

[あ行]

閾値　67, 68
1元配置分散分析　→　1要因分散分析
1標本の t 検定　→　母平均の検定
1標本の比率の検定　→　母比率の検定
1要因分散分析　**97**, 99, 102, **146**
一対比較法　67, **71**
因子寄与　**119**, 120
　──率　119
因子　116
因子得点　5, 16, 111, 112, **124**, 167
因子の変換　140
因子負荷量　4, 16, 18, **117**, 122, 125, **166**
因子分析　4, 15, 18, 74, **116**, **164**
インポート　136
引用　29
　──文献　12, 24, 29, **34**
ウェルチ（Welch）の t 検定　95, 143

[か行]

カイ2乗検定　20, **103**, **151**
回帰分析　→　重回帰分析
階層的クラスタ分析　169
カウンターバランス　39
仮説　36, 44, 47, 50, 53, 73, 74
間隔尺度　80
完全無作為法（完全無作為化計画）　76
観測値　→　実測値
棄却　86
基準値　84
期待値　103
基本統計量　81
帰無仮説　86

客観性　33
共通性　119, 166
共分散　109
極限法　68
偶然誤差　75
クラスター分析　5, 41, **125**, **168**, 169
クロス集計表　20, 103
群間分散　97, 99
群内分散　97, 98-100, 102
系統誤差　76
結果　4, 7, 15, 22, **33**, 39, 40, 49
決定係数　113, 161
結論　**34**, 44, 50, 53
交互作用　16, 17, 19, 22, **101**, **151**
考察　6, 10, 20, 22, **33**, 44, 50
恒常法　68
交絡効果　58, 75

[さ行]

再現性　32, 58
最尤法　4, 15, 18, 122, **124**
作業仮説　73
参考文献　45, 55
散布度　81
刺激　4, 7, 14, 21, **32**, 38, **58**
　──閾　67
事象関連電位　62
視線計測　2, 3, 7, **62**
実験群　76-77
実験計画法　73, 74-76
実験参加者　3, 7, 14, 21, **31**, 38, 39
実測値　103
質的データ　80
質問紙　4, 39, 49, 65

斜交回転 122, **165**, 166
主因子法 124
重回帰分析 6, 74, **110**, **159**
従属変数 6, 74, **111**
自由度 50, 87, 89
樹形図 → デンドログラム
主効果 16, 22, **102**, **151**
主成分数 116
主成分負荷量 115, **116**, **163**
主成分分析 113, 161
順序尺度 80
条件 58
剰余変数 75
新規性 30, 58
信頼性 59, 66
心理尺度 65
随伴陰性変動 → CNV
正規分布 89
精神物理学的測定法 67
説明変数 → 独立変数
先行研究 35
相関 4, 6, 15
　――関係 74, 107, 158
　――係数 6, 73, **109**-110, **159**
総合考察 10, 23, **34**, 44, 50, 53

[た行]

第一種の誤り 86
対応のある 75, **96**, **135**
対応のない 75, **94**, **135**
第二種の誤り 86
唾液マーカー 64
タキストスコープ 59, 60
多元配置分散分析 150
多重比較 6, **100**, **148**
妥当性 66
多変量解析 107, 158
単回帰分析 111
単純構造 121
単純主効果 17, 19, 22, **102**
調整済み残差 20, 105

調整法 13, 14, **67**
直交回転 **121**, **165**, 166
定数項 41
適合度の検定 103
手続き 7, 15, 21, **32**, 38, 39, 49
テューキー法 → Tukey法
デンドログラム 5, 125, 128, **171**
統計的検定 50, **85**, **140**
統制 73
　――群 75, 76
等分散 95, **96**
独自性（オリジナリティ） 30
独立サンプル t 検定 → 2群の平均値の差の検定
独立性のカイ2乗検定 → 分割表の検討
独立性の検定 103
独立変数 6, 74, 75, 111, **112**

[な行]

2群の対応のある平均値の差の検定 96, 143
2群の比率の差の検定 107, 156
2群の平均値の差の検定 94, 96
2元表 151
2標本の比率の検定 → 2群の比率の差の検定
2要因分散分析 101, 149
脳波 61

[は行]

背景 2, 13, **30**-31, 36, 47, 48
バリマックス回転 4, **121**, 122, **165**, 166
反復と無作為化 75
ピアソンの積率相関 → 相関係数
被験者間要因 75
被験者内要因 75
標準化 6, 84
　――偏回帰係数 112
標準正規分布 89
標準偏差 4, 14, 17, 81, 85
評定尺度法 68-69

標本　87
　——平均　90
比率尺度　80
フィッシャーの正確確率検定　106, 154
フィッシャーの正確検定　→　フィッシャーの正確確率検定
不偏分散　87
プロマックス回転　4, 15, 18, 123, **165**, 166
分割表の検定　103, 151
分散　81, 83
　——比の検定（F 検定）　96, 145
分散分析　5, 16, 22, 50, 73, 75, **97**, 113, **146**, **149**
平均値　17, 22, 81
　——の差の検定　→　2 群の平均値の差の推定
偏回帰係数　41, 112
偏差値　85
弁別閾　67
方法　3, 7, 14, 21, **31**, 38, 48
母集団　87
母比率の検定　106, 155
母分散　87
母平均の検定　92
母平均の検定（母分散が未知のとき）　93, 140

［ま行］

マグニチュード推定法　67
名義尺度　80
目的　36, 47
　——変数　→　従属変数
モーフィング　59, 60

［や行］

有意　86, 102

　——確率　→　有意
　——差　→　有意
　——水準　→　有意
要因　74
要旨　2, 13, **29**

［ら・わ行］

量的データ　80
理論値　→　期待値
累積寄与率　115, 119

［欧文］

CNV　62
EEG　61
ERP　62
fMRI　62
F 検定　95, 145
F 値　50, 95, **97**, 102, 113
F 分布　96, 97
NIRS　62
R　132
R コマンダー　80, 132-134
SD　→　標準偏差
SD 法　3, 15, **69**
SE　6, 22
Semantic Differential 法　→　SD 法
Tukey 法　6, 100
t 検定　75, **93**, **94**, 96, 113, **142**, **143**
t 分布　93
VAS（Visual Analog Scale）　70
Z 検定　92
Z 値　84
α 波　61

執筆者および担当一覧

編者
齋藤美穂（早稲田大学人間科学学術院教授・理事）　　第2章，第3章

執筆者
作田由衣子（中央大学研究員）　　　　　　　　　　　第1章，第2章，第3章
伊藤嘉朗（ビジネスコンサルティング株式会社代表取締役）第4章，第5章

※第5章の説明は早稲田大学人間科学研究科の若田忠之が担当

編者略歴

早稲田大学人間科学学術院教授，博士（人間科学），早稲田大学理事
1979 年　聖心女子大学文学部教育学科卒業
1985 年　早稲田大学大学院博士課程心理学専攻修了
1996 年　早稲田大学人間科学部助教授
2001 年より早稲田大学人間科学学術院教授
平成4年度色彩学論文賞受賞
著書：『嗅覚と匂い・香りの産業利用最前線』（共著，エヌティーエス，2013），『色彩学入門』（共編，東京大学出版会，2009），『眼・色・光』（共著，日本印刷技術協会，2007），『色彩用語事典』（共著，東京大学出版会，2003），『色彩科学事典』（共著，朝倉書店，1991），『色彩の理論』（共訳，美術出版社，1991），『色彩の力』（共訳，福村出版，1986）

事例による認知科学の研究法入門
R コマンダーの活用法と論文の書き方

2013 年 4 月 22 日　初　版

［検印廃止］

編　者　齋藤美穂
　　　　さいとう み ほ

発行所　一般財団法人　東京大学出版会

代表者　渡辺　浩

113-8654 東京都文京区本郷 7-3-1 東大構内
電話 03-3811-8814　Fax 03-3812-6958
振替 00160-6-59964

印刷所　大日本法令印刷株式会社
製本所　誠製本株式会社

©2013 Miho Saito *et al.*
ISBN 978-4-13-012108-8　Printed in Japan

JCOPY〈(社)出版者著作権管理機構 委託出版物〉
本書の無断複写は著作権法上での例外を除き禁じられています．複写される場合は，そのつど事前に，(社)出版者著作権管理機構（電話 03-3513-6969，FAX 03-3513-6979, e-mail: info@jcopy.or.jp）の許諾を得てください．

心理学研究法入門　調査・実験から実践まで
　　　南風原朝和・市川伸一・下山晴彦 編　Ａ５判/272 頁/2800 円

ウォームアップ心理統計
　　　　　　　　村井潤一郎・柏木惠子　Ａ５判/176 頁/2000 円

色彩学入門　色と感性の心理
　　　　　　　　大山　正・齋藤美穂 編　Ａ５判/214 頁/3200 円

新編　色彩科学ハンドブック［第３版］
　　　　　　　　　日本色彩学会 編　菊判/1792 頁/40000 円

色彩学概説　　　　　　千々岩英彰　Ａ５判/240 頁/3200 円

色彩用語事典　　　　日本色彩学会 編　菊判/632 頁/15000 円

錯視の科学ハンドブック
　　　　　　　　後藤倬男・田中平八 編　菊判/624 頁/13000 円

使える理系英語の教科書
ライティングからプレゼン，ディスカッションまで
　　　　　　　　　　　　森村久美子　Ａ５判/194 頁/2200 円

ここに表示された価格は本体価格です．ご購入の
際には消費税が加算されますのでご了承下さい．